新版 縄文美術館

写真　小川忠博
監修　小野正文・堤 隆

平凡社

1

推薦のことば

　地球全体がまだ氷河期にあった4万年前、朝鮮半島から九州に上陸した人々はそれほどの時間をかけることなく日本列島に拡散し、生存のための活動を開始しました。やがて人々は生存の可能性を飛躍的に拡大する土器をつくるようになり、縄文時代が始まります。煮沸することでそれまでは食べることのできなかったアクの強い木の実や草を食べるようになり、集落の人間が協力し合いながら狩を行い、海岸や河辺では魚や貝を手に入れることができました。厳しい自然環境にもかかわらず、人々の生活には余裕さえ生まれてきました。
　ですから、土偶や石偶のような用途のない特別な形を生み出し、集落全体の繁栄と安寧を祈るための祭器もつくるようになります。
　縄文時代に生きた人々の声を直接に聞くことはできませんが、さまざまな形をした土偶や耳飾りのような装身具を見ればこの時代の人々がいかに多くのことを考えながら生きていたかが分かります。しかも日常生活の中でも縄文と呼ばれる緻密な文様を施すことによって、丹念なモノづくりを継続します。あくまでも自然の条件に大きく左右される生活でしたが、その中で、工夫と知恵を駆使して

食糧の確保と子育てに務めていきました。その健気な努力の痕跡と軌跡を私たちはこの『縄文美術館』の中で具体的に知ることができます。

　『縄文美術館』のページをくるごとに縄文時代の生活を具体的にはっきりと想像することができます。また、金属のない時代にどうやってこれほど精巧な石器や土器を作りだしたのか、その製作法を想像したり推理したりすることも可能です。後期旧石器時代から弥生時代までの日本列島にすんだ人々の生活の様子が『縄文美術館』の中にあることを思えば、変化の激しい現代社会の中で自分なりの錨をこの日本列島の中に下ろすことができる、そんな安心感に繋がるのではないでしょうか。

山梨県立美術館長
青柳正規

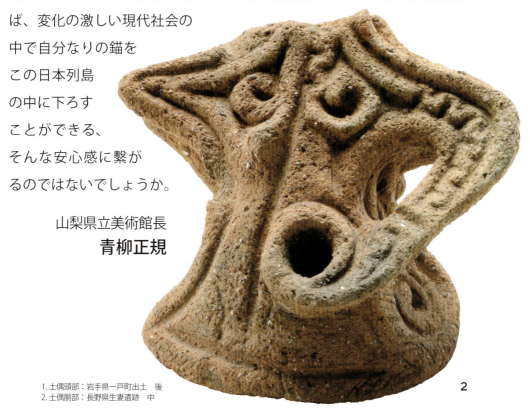

1. 土偶頭部：岩手県一戸町出土　後
2. 土偶胴部：長野県生妻遺跡　中

旧石器時代	縄文時代草創期	早期
移動生活（狩猟・採集）		
1万6000年前		1万2000年前

日本列島に最初にやってきた人々　縄文人の祖先たち

7

1 縄文人　土器を焼き、使い始めた人々

13

2 採り、狩り、漁る日々　土器と石器、大地を里山として

29

3 飾り、装う　土と石、骨と貝、草木と漆を使って

75

4 装飾された土器群　実用を圧倒する文様と突起

95

5 文様に込められたもの　人と動物のすがた

139

6 ひとがた　土偶、岩偶に託したもの

173

7 祭り・祈りの広場　石の祭具 石の広場

199

終章 狩猟採集から農耕へ　稲作の集落 そして王権の誕生

221

資料

226

縄文の幕があけるまで　堤 隆	226
縄文時代のくらし── 日本列島の森、川、海などの大自然の恵みを活用した人びと　小野正文	228
埋もれた歴史を掘る　堤 隆	232
所蔵先一覧	234
あとがき	239

	前期	中期	後期	晩期	弥生時代	古墳時代	古代	中世

活（狩猟・採集）　　　　　　　　　　　　　　　　　　　　　　　　　　　　定住生活（農耕）

7000 年前　　　　5500 年前　　　4500 年前　　3300 年前　　2800 年前

各ページ右下の出土地に縄文時代の時期を創・早・前・中・後・晩で表示しています。

序章 日本列島に最初にやってきた人々
縄文人の祖先たち

　地球上が凍てつく氷河期であった4万年前、日本列島に私たちの祖先がやってきます。最初の人々は、朝鮮半島から九州に上陸、本州の最北端までさほど時間をおかずに広がります。人々が目にしていたのはナウマンゾウやオオツノジカなど今では絶滅した大型哺乳類でした。やがて3万年前には最寒冷期が訪れ海面が今より130m低下、瀬戸内海は陸となりました。人々が土器を作ることを知らず、獲物を追って移動生活を続けていた旧石器時代の様子です。

1：2万5000年前の森が地底に眠っていました。寒冷な気候を物語るトウヒなどの木の根で、石器や焚火跡、シカと見られる糞も残っています。
2：3万年前頃のナウマンゾウの臼歯です。長さ25cmもある噛み合わせ面、上部は上あごに隠れていました。動物化石が絶滅哺乳類の存在を教えてくれます。
3：この地底の森（仙台市）の原風景、北海道浮島湿原（標高約900m）の景観です。

©地底の森ミュージアム

1. 宮城県富沢遺跡
2. 茨城県花室川出土
3. 北海道浮島湿原

撮影：堤 隆

撮影：堤隆

1：ナイフのような鋭いヤリ先を旧石器時代の狩人は手にしています。
2：万単位の時間は石以外の道具を消し去り、これは列島唯一の旧石器時代の骨角器で、骨を磨き尖らせた狩猟具です。
3：3万年以上前に旧石器人が仕掛けた落とし穴、世界最古です。深さ2mを掘りぬき、獲物はナウマンゾウなどの大型獣というよりシカなど機敏な中型獣とみられています。
4：狩猟用のヤリ先につけられた石器と石斧。石斧は砥石で刃を磨いています。石の研磨技術は世界に先駆けて開発されたものです。
5：黒曜石を圧力で押しはがし、細石刃というカミソリのような鋭い刃を作ります。黒曜石は神津島（写真6）のものです。本土での神津島産黒曜石の発見は、旧石器人が海を渡っていたことを教えてくれます。
7：動物の骨、角などで作られたヤリ先に鋭い石の刃（細石刃）が埋め込まれています。シベリアで発掘されたヤリ先を見本に作ったレプリカ。
8：北海道の2万5000年前の細石刃です。1つの石から最長8cmの細石刃が60本以上作られています。
9：遺跡から3個に割れた26cmの黒曜石の木の葉形石ヤリ（尖頭器）と、大小のおびただしい数の破片が発掘され、破片を接合していくと2個のカヌーのような姿になりました。この233個の破片が接合されてできた2つの"カヌー"を合わせた隙間に、復元された石ヤリがスッポリ収まり、長さ30cm重さ4kg弱の原石が現れました。石器づくりの様子がわかります。

1. 石器：
　長野県貫ノ木遺跡
2. 骨角器：
　岩手県花泉遺跡
3. 落とし穴：静岡県東野遺跡
4. 石器◎：長野県日向林B遺跡
5. 石器：長野県矢出川遺跡
6. 東京都神津島（恩馳島）
7. レプリカ
8. 石器：北海道柏台1遺跡
9. 石器◎：北海道旧白滝8遺跡

（記号は、◎＝国指定重要文化財、◉＝国宝。以下同じ）

1〜4：旧石器時代の終わりから縄文時代の初め、人びとは大きな石ヤリと斧を作ります。1〜3が石ヤリで、木の葉のようにうすく仕上げています。4は刃を磨いた重厚感あふれる斧。いずれも実用品であるとともに、石器製作者が技量を誇示するようなシンボリックな道具です。

5：旧石器人が金属も使わず硬い石に数mmの穴を開けて、装飾のビーズを作っています。2万年以上前の最古のビーズです。

6：14本の線が刻まれ、穴が開けられた石のペンダント。長さ15cm程。

7：日本列島の旧石器時代の絵画では唯一のものです。人間の手のひら、オオツノジカの角などと言われています。

8：背に17本の髪の毛と思われる線刻があり、山形の膨らみを腹部とし、その下部にあるＶの刻みを女性器としてビーナスとも称され、2万4000年前のものと見られています。

1-4. 石器 ◎：長野県神子柴遺跡
5. 石器 ◎：北海道ピリカ遺跡
6. 石器：静岡県富士石遺跡
7. 石器：千葉県上引切遺跡
8. 石器：鹿児島県耳取遺跡

1 縄文人
土器を焼き、使い始めた人々

1. 土偶：北海道美々4遺跡　後
2. 土偶：群馬県天神原遺跡　後

1

2

1万6000年前、日本列島に住む人々が土器を作り始めました。土器を使う縄文時代が始まります。やがて、土器ばかりでなく、自らの姿も土で焼き残します。すべて女性像、乳房の付いた土の人形（ひとがた）で土偶と呼ばれます。
三つ編みのお下げ、オカッパといった髪型もあるさまざまな土偶から、当時の人々の顔かたちや髪型、着衣や装身具などを想像することができます。

3

1. 土偶：岩手県九年橋遺跡　晩
2. 土偶：富山県長山遺跡　中
3. 土偶：秋田県鐙田遺跡　晩

1

1：大きなお腹に手を当てた妊婦の土偶です。1116個体の土偶の手、足、頭などが発掘された釈迦堂遺跡出土です。手を当てた胴部は6個体だけ、これはその一部です。この妊婦の土偶と同じポーズは中近東、アメリカ大陸でも見ることができます。

そして、下半身が欠損している豊かな乳房の土偶は、縄文時代の後半に多く見られる土偶です。豊饒のシンボルそのものを感じさせるのは、世界各地で出土した土偶も同じです。

1. 土偶 ◎：山梨県釈迦堂遺跡　中
2. 土偶：千葉県堀之内貝塚　後
3. 土偶：茨城県冬木A・B貝塚　後

立像が多い土偶の中で、座っている土偶は少なく、さらに動作まで表現している数少ない土偶です。いずれも、出産もしくは祈りの姿のように見えます。

床に尻を置いているか、いないかの違いはありますが、2、4、6、8、11は座って出産する姿とされ、2、8、10には赤ん坊が見えます。自立しない7の土偶も水平に置くと一般的な出産の姿となります。

1、3、5、9、12などの腕組みの姿は、出産とも、祈りの姿とも見ることができます。

この時代は乳幼児の死亡を含めると平均寿命が15歳という試算があります。なかには65歳過ぎまで生きた人もいましたが、多くは40歳ぐらいまでが寿命のようです。

こういった厳しい環境では、集団の存続は新しい生命の誕生にかかっていたと思われ、妊娠と安産に寄せる人々の思いはすべての縄文人の祈りに近いものがあったのでしょう。

9の土偶は住居跡の奥壁近くから発掘され、割れた部位がアスファルトで接合されていた痕跡があります。この土偶は合掌土偶と呼ばれていますが、祈りの姿か否かは解釈が分かれます（73ページ参照）。

1. 土偶◎：福島県上岡遺跡　後
2. 土偶：山梨県影井遺跡　中
3. 土偶：岩手県夫婦石袖高野遺跡　後
4. 土偶：長野県広畑遺跡　中
5. 土偶：青森県野面Ⅳ遺跡　後
6. 土偶◎：栃木県藤岡神社遺跡　後
7. 土偶：岩手県野沢Ⅳ遺跡　晩
8. 土偶：岩手県山井遺跡　晩
9. 土偶●：青森県風張Ⅰ遺跡　後
10. 土偶◎：山梨県釈迦堂遺跡　中
11. 土偶◎：青森県二枚橋2遺跡　晩
12. 土偶：青森県風張Ⅰ遺跡　後

縄文人の子育ての姿を伝える土偶、土器の装飾もあります。
1：乳児を抱き授乳しているような縄文人の母の姿。これまで全国で出土した2万点ともいわれる土偶の中で唯一の姿です。
2：土偶を装飾に使った土器の一部です。頭部が欠けていますが、土器の上部に付けられていた幼児を背負う母親の姿です。
3：頭部の欠けた円錐形の土偶です。幼児を片手で背負い、一方の手は前に回してお腹に置いています。これも唯一の「おんぶ土偶」です。胴が空洞に作られているので、玉を入れ、音の出る土偶であったことも考えられます。
いずれもきわめて珍しい姿で、縄文時代の出土遺物の中で乳幼児をともなっているものはこの3点だけです。

1. 土偶：東京都宮田遺跡　中
2. 土器部分：神奈川県当麻出土　中
3. 土偶：石川県上山田貝塚　中

1：縄文人の足跡です。1億年前の恐竜の足跡は岩盤に残されていますが、3000年前の縄文人の足跡は粘土の上に残され、発掘されました。この遺跡では98個の足跡がありました。広いつま先と発達した土ふまず、小ぶりの踵（かかと）の足は23.5㎝の大きさです。この足跡は偶然残されたものですが、縄文人が自らの手で残した体の痕跡もあります。

いずれも幼児のもので、手形が2、6、足形が3、5、土塊を噛ませた歯型が4、土塊を握らせた掌握が7です。どれも土器のように焼き、残されました。

1. 足跡：岩手県萪内遺跡　後〜晩
2. 土製品◎：青森県大石平遺跡　後
3. 土製品：岩手県湯舟沢Ⅷ遺跡　後
4. 土製品：北海道蛇内遺跡　前
5. 土製品◎：青森県大石平遺跡　後
6. 土製品◎：青森県大石平遺跡　後
7. 土製品◎：山梨県釈迦堂遺跡　中

1：土器に粘土の紐（ひも）を押しつけ、文様を描いた縄文人の指紋が残っていました。

2：土偶が抱えているものは壺、土器です。壺を持った土偶は立った姿と座った姿がありますが、いずれもお腹を抱えている妊婦の姿です。なお、道具を手にしている土偶は、この土器を持つタイプ以外ありません。

人々が初めて作り始めた土器は、煮炊きにより食材利用の幅を広げ、貯蔵や運搬などにも一役買い、生活に大きな変化をもたらしました。

3：最古の土器として1万6000年前の土器片が青森県で確認されています。5㎝に満たない土器の破片にもススやオコゲ（炭化物）が付着していて、煮炊きに使われていたことがわかります。

土器は世界のあちこちで、それぞれに作られ始めたとされ、中国では最近、江西省の洞窟出土の土器が2万年前のものとする研究成果が発表されています。

明治時代、大森貝塚を発見し縄文土器を発掘したエドワード・モースは、土器に残された縄文人の指紋を指摘し、来日していたイギリス人医師ヘンリー・フォールズに指紋による人物特定のヒントを与え、その研究がのちの指紋鑑定の源となりました。

1. 土器：千葉県曽谷貝塚　後
2. 土偶（レプリカ）：長野県目切遺跡　中
3. 土器：青森県大平山元Ⅰ遺跡　創

1

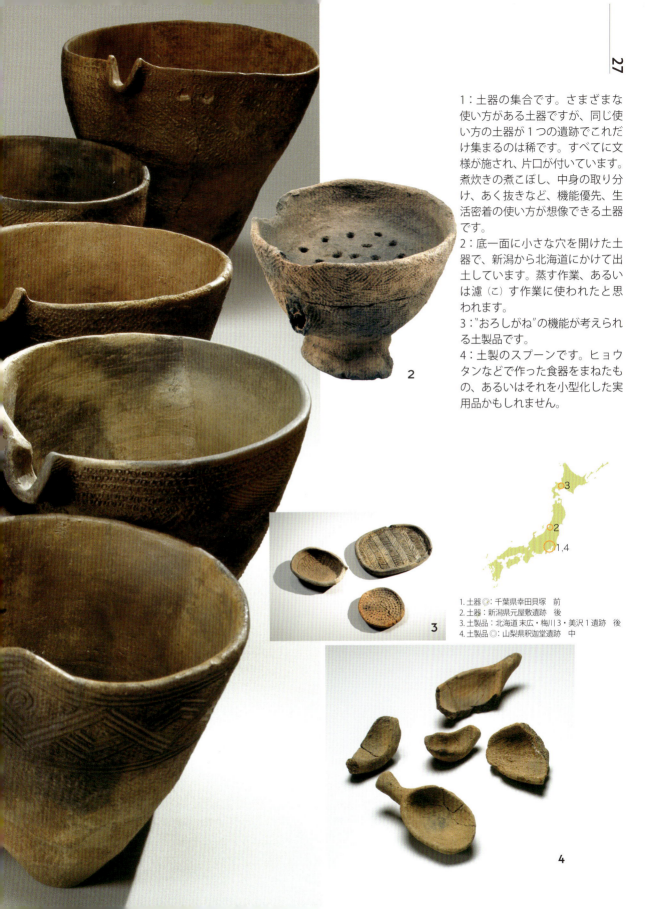

1：土器の集合です。さまざまな使い方がある土器ですが、同じ使い方の土器が1つの遺跡でこれだけ集まるのは稀です。すべてに文様が施され、片口が付いています。煮炊きの煮こぼし、中身の取り分け、あく抜きなど、機能優先、生活密着の使い方が想像できる土器です。

2：底一面に小さな穴を開けた土器で、新潟から北海道にかけて出土しています。蒸す作業、あるいは濾（こ）す作業に使われたと思われます。

3："おろしがね"の機能が考えられる土製品です。

4：土製のスプーンです。ヒョウタンなどで作った食器をまねたもの、あるいはそれを小型化した実用品かもしれません。

1. 土器◎：千葉県幸田貝塚　前
2. 土器：新潟県元屋敷遺跡　後
3. 土製品：北海道 末広・梅川3・美沢1遺跡　後
4. 土製品◎：山梨県釈迦堂遺跡　中

2 採り、狩り、漁る日々
土器と石器、大地を里山として

1. 住居跡：山梨県真原A遺跡　中
2. 遺物各種：栃木県明神前遺跡　後
3. 復元住居：岩手県御所野縄文博物館

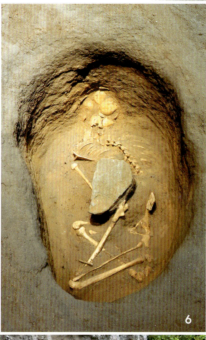

数千年後の今日まで、縄文人の暮らしの跡が土の下に眠っていて、そこが遺跡と呼ばれています。
土器などの生活用具だけでなく、住居やゴミ捨て場、落とし穴、墓などが見つかり、生活が見えてきます。
東北地方の焼け落ちて埋もれていた縄文人の住居から、屋根に樹皮を葺（ふ）き、さらに土を被せた土屋根住居の姿がわかり、復元されています（29ページ3）。そして縄文人の「家財道具」もわかります（同2）。

1：都心の地下わずか1.5mに眠っていた縄文人の骨です。
2：縄文時代の未発掘の貝塚が林の下に眠っています。貝塚では貝殻の石灰分が人骨、4の人か犬のウンチなどを数千年にわたり保存しています。貝層が4mにもなる貝塚もあり、加工専業の場所と推測されています。
3：柱を立てた穴（柱穴）が円形の土床の住まいを教えてくれます。
5：お墓の盛り土です。調査のため垂直に半分を掘り下げた状態です。盛り土が3基見えますが、この遺跡では130基の盛り土が確認されています。
6：貝塚で発掘された墓穴を再現した展示。人骨の姿態、位置、副葬品など、お墓は縄文時代の社会を知る糸口です。
7：縄文時代の初め、ある季節に一時的に利用された岩陰の居住地です。

1.墓：東京都西ヶ原貝塚　後
2.貝塚：青森県早稲田貝塚　早
3.住居跡：東京都西ヶ原貝塚　後
4.糞石：宮城県大木囲貝塚　中
5.墓：青森県五月女萢遺跡　晩
6.墓：北海道北黄金貝塚　前
7.岩陰（史跡）：長野県栃原岩陰遺跡　早

1：オコゲ（炭化物）やススが付着した土器で、縄文人が煮炊きのナベとして使っていたことがわかります。煮こぼれのコゲ付きなどが1㎜以上の厚さになっています。
2：火おこしに使った火きり臼と火きり杵、慣れると簡単に手もみで着火します。
3：土器の底の炭化物が石器を固着させています。
4：手元の明かりとして、火を灯して使ったと思われる割れ木。
5：食材をすりつぶした石皿とすり石。
6：実用品とは思えない装飾の土器にも煮炊き跡が残っています。
7：土器片に蒸籠（セイロ）のような編まれた木器が焼け焦げと一緒に付着し、"蒸す"調理法があったことが想像できます。

土器による煮炊きの実験

1. 土器 ◎：山形県押出遺跡　前
2. 木器：北海道忍路土場遺跡　後
3. 石器・土器：岩手県貝畑貝塚　中
4. 木片：青森県三内丸山遺跡　中
5. 石器・炭化物：新潟県岩野原遺跡　中
6. 土器：新潟県野首遺跡　中
7. 土器・炭化物：東京都下宅部遺跡　晩

食糧の貯蔵は縄文人の重要な生活手段でした。

1：深さ2mに掘り込んだ地下の貯蔵用の穴。上部の入り口が底部より小さく作られ、土に埋まっていた貯蔵穴に、空の土器が残っていました。
2：キノコ形の土製品が出土します。キノコも大事な食物だったのでしょう。
3：土器片が豆の皮の炭化物で覆われ、豆が数粒、残されています。豆などの生育を手助けするような"栽培"があったと考えられています。
4：焼け焦げのある岩板（奥側）をフライパンにして焼いたようなクッキー状炭化物です。このほか、熱した石と食材とを抱き合わせて土中で蒸した跡などが発掘されています。
5：土器の底に残っていたのはノビルと考えられています。
6、10：縄文人が作ったクッキー状の食べ物の炭化物。木の実を粉にしたものなどを練り上げたと思われます。
7：皮をむかれたクリ。
8：柱の抜けた穴を利用してトチの実を貯えています。トチの実のアク抜きには灰を使った手間のかかる作業を必要とします。
9：エゴマの塊。
11：穴の底に残っていたナラカシワのドングリの皮。ナラのドングリは皮をむき、水にさらしてアク抜きをします。

1.貯蔵穴：福島県妙音寺遺跡　中
2.土製品：青森県近野・韮窪・野場遺跡　後
3.炭化物：東京都下宅部遺跡　晩
4.炭化物◎：山形県押出遺跡　前
5.炭化物：東京都新井小学校裏妙正寺川出土　中
6.炭化物：群馬県行田大道北遺跡　前
7.植物：群馬県細田遺跡　前
8.植物：新潟県青田遺跡　晩
9.炭化物：群馬県細田遺跡　前
10.炭化物：新潟県沖ノ原遺跡　中
11.植物：新潟県青田遺跡　晩

狩人のイメージが強い縄文人は、動物質の食糧ばかり食べていたと誤解されやすいのですが、ドングリなど木の実を大量に貯え、植物質食糧にもかなり依存していたことがわかります。

東日本の木の実は落葉広葉樹のミズナラ、コナラなどのドングリ、そしてトチ、クリ、西日本のドングリは常緑樹のイチイガシ、シイなどの実です。ドングリを食べるため人々はアク抜きの技術を覚えました。縄文人の命を育んだのは森のドングリと野生の動物、そして魚なのです。

長野県原村

1-1

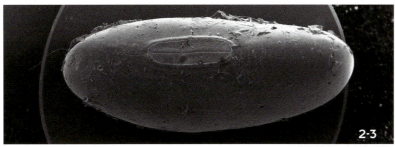

1：土器のヘビ姿の突起、その先端が割れ、割れ口の両側に小さな空洞が現れました。
そこにシリコン樹脂を入れ、空洞を立体物として復元すると、水分を吸って膨らんだ状態の"豆"の姿でした。分析の結果、この豆が野生のツルマメより大きい栽培されたダイズであることがわかりました。
圧痕と呼ばれる空洞を型取りし、その型を電子顕微鏡で観察するレプリカ法の研究によって、縄文時代の中頃にダイズ、アズキなどが栽培、利用されていたことが見えてきました。
2-1：型取りされたダイズのレプリカ。
2-2：その走査型電子顕微鏡写真。
2-3：形がよく似た現在のダイズ。縄文時代これらのマメ科植物のほかにエゴマなどがすでに栽培されていたようです。
また、この土器の割れた突起部の中にもう１つ空洞があることがわかっています。突起部に２個のダイズを埋めた土器づくりに縄文人の祈りも知ることができるようです。

1．土器：山梨県酒呑場遺跡　中

顕微鏡写真：中山誠二撮影

1、2：石には弓と矢を持った人物が刻まれ、土器には弓矢と動物が描かれています。いずれも縄文人の狩猟の姿を描いていますが、出土例は少なく、土器に描かれている弓の両端には飾りのようなものが見られるので、特別な狩猟の儀礼、祭りなどに使われたと考えられます。

この時期に初めて登場した弓矢は、土器と並ぶ新しい画期的な道具です。縄文人は敏捷な中・小動物を狩るための最適の道具を手にしたのです。さらに、弓矢以外にも落とし穴やワナが利用されています。

2-2：この土器には弓矢、動物、樹木、落とし穴などと思われる工作物がぐるりと描かれています。

1.石製品：群馬県矢瀬遺跡　後〜晩
2.土器：青森県韮窪遺跡　後

1：矢です。矢柄（棒）の先端には鋭い鏃（やじり）が付き、その末端は弦（つる）をつがえるためＶ字に加工されています（矢柄に載せた3個体）。Ｖ字に加工された末端部には矢羽3枚の痕跡があり、縄文の矢の姿を知る貴重な考古学的発見です。
先端の鏃からＶ字までの矢柄の長さは50〜60㎝、縦に割りやすい中空のノリウツギの木を縦割りしたものを使っていることがわかりました。
2：イヌガヤで作った実用の弓で、低湿地に残っていました。桜の皮を巻きつけたり、漆を塗って祭りに使用するような飾り弓も各地で出土しています。
3：矢の先の鏃、石鏃（せきぞく）と呼ばれているものです。三角形、Ｖ字状、そしてこの石鏃のような矢印形など、時代、地域によって変わります。材料は黒曜石です。
4：2つの石器の溝をヤスリとして、木枝をはさみ、ヤスリの"トンネル"で調整し真っ直ぐな矢柄を作ります。
5：縄文時代を通し、黒曜石は最良の刃物でした。この黒曜石を求めて人々が掘りつづけた「鉱山」が長野県和田峠周辺にあります。白色火砕流の堆積土に混じる黒曜石を採るのに3m余掘り上げています。縄文人が掘った採掘の穴は窪地になって残り、山の斜面に195ヵ所確認できています。

1. 石器・炭化物：北海道ユカンボシE11遺跡　中
2. 木製品：新潟県青田遺跡　晩
3. 石器：出土地不明
4. 石器：長野県丸山遺跡　創
5. 採掘坑（史跡）：長野県星糞峠黒曜石原産地遺跡

縄文人の狩りの主要な獲物はシカとイノシシです。
1：土器に描かれているシカです。
2：これもシカ。こうして動物を内底に張り付けた土器が東北地方で出土します。祈りごとに使われたのかもしれません。
4：41ページと同じ狩猟の文様ですが、赤く塗られているので、火にかけて使うものではなく、特別な用途に使われたと考えられます。
5：動物の骨で作られた骨角器（4.6㎝）が刺さった女性の骨盤の一部で、3体の合葬の中から発掘されています。骨角器も狩猟に使われていた鋭さを見せています。
6：落とし穴の断面です。深さは1m、底には落ちた獲物の動きを止めるための逆木が25㎝の深さまで打ち込まれています。
7：シカの腰骨を鏃（やじり）が貫通しています。当時の弓、鏃の威力がわかります。
縄文人はこのニホンカモシカはもちろん、ほとんどすべての動物を食べていたといわれ、31ページの岩陰にあった生活の跡には、絶滅種のオオカミ、カワウソの骨までありました。

1. 土器部分：北海道臼尻B遺跡　中
2. 土器部分：青森県西山遺跡　後
3. ニホンカモシカ：秋田県
4. 土器部分：福島県和台遺跡　中
5. 人骨・骨角器：愛媛県上黒岩遺跡　早
6. 落とし穴：栃木県寺平遺跡　創
7. 石器：静岡県蜆塚貝塚　後〜晩

5

8

6

7

9

イノシシやシカは食べた後、捨てるところがないほど用途の広い動物で、縄文時代の二大狩猟獣でした。縄文時代前期に土器の口にイノシシの顔がつけられ、やがて中期にイノシシの姿を焼いた土製品が現れます。

その姿はさまざまですが、逆毛が背びれのように表現されているのが共通です。クマと思えるものも背中の表現でイノシシと推測しています。

2：北海道で出土したこのイノシシには幼獣「うりんぼう」の縞文様がつけられています。足の短いイノシシは雪深い環境では越冬できないと言われており、縄文時代でも北海道にはイノシシは生息していません。八丈島でイノシシの骨が出土していることから、「うりんぼう」が舟で運び込まれたか、土製品だけが渡来したのかもしれません。

こうしたイノシシの土製品も祈りごと、祭りに使われていたのか、祭りの場所と推定される山梨県の金生遺跡には幼獣の下あごなど138点が出土しています。

1. 土製品：岩手県立石遺跡　後
2. 土製品：北海道日ノ浜遺跡　晩
3. 土製品：千葉県能満上小貝塚　晩
4. 土製品：千葉県井野長割遺跡　晩
5. 土製品：青森県韮窪遺跡　後
6. 土製品◎：青森県十腰内2遺跡　後
7. 土製品：岩手県立石遺跡　後
8. 土製品：秋田県藤株遺跡　後
9. 土製品：千葉県吉見台遺跡　晩

1

1：ツキノワグマの土製品、首にV字の輪があります。本州最強の獣を狩ることには大きな意味があったと思われます。この土製品は弥生時代に移る時期のものと見られます。

2、3：犬とイノシシ姿の土製品です。動物の胴部に脚部の差し込み穴が残る土製品で、木枝の足か、加工した枝木を使ったのかで、趣も変わるに違いありません。

4：この土器にも樹木と仕掛けめいたものが想像できる文様がつけられ、さらに2頭の動物が描かれているのは、この土器だけです。

1. 土製品：青森県尾上山遺跡　晩〜弥生
2. 土製品：青森県朝日山遺跡　晩
3. 土製品：青森県長久保遺跡　中
4. 土器：青森県川原平(6)遺跡　後

6

8

クマをはじめ狩猟には欠かせないのが猟犬です。
1、9、10：現在の日本犬にひきつがれる巻き上がった尾をもつ犬の土製品です。尾は欠けていますが、8 も犬と思われます。
6：クマの頭と思われる、最古クラスの土製品です。
丁寧に埋葬された犬などが発掘されていることから、人と犬との親密な生活がわかります。
出土地から 2、3、4、5、7 はツキノワグマ、6 はヒグマの頭と思われます。

7

9

10

1. 土製品◎：栃木県藤岡神社遺跡　後
2. 土製品：青森県三内丸山（6）遺跡　後
3. 土製品：岩手県立花館遺跡　後～晩
4. 土製品：青森県大石平遺跡　後
5. 土製品：岩手県立花館遺跡　後
6. 土製品◎：北海道八千代A遺跡　早
7. 土製品：岩手県上杉沢遺跡　晩～弥生
8. 土製品：千葉県吉見台遺跡　晩
9. 土製品：埼玉県長竹遺跡　後
10. 土製品：栃木県宝性寺西遺跡　晩

縄文時代の生き物たちです。
1：フクロウを模しています。
2：サル。鳴き袋まで表現した、きわめて写実的な表現です。
3：尾びれなどの形は哺乳類、シャチを模したものとされています。
4：小さな尾びれがある海獣のような姿です。
5：サル。2と同じく鳴き声を上げるような表情をしています。
6：土器の突起部分か土製品、いずれにも考えられる鳥の姿で、カワセミのイメージです。
7、8、10、11とも小さな土製品で、8だけがカメのような姿、他は小動物が連想されます。
9：首の長さなどから、シカと思われる、土器の突起部か土製品です。

1. 土製品：岩手県草ヶ沢遺跡　晩
2. 土製品◎：山梨県鋳物師屋遺跡　中
3. 土製品：北海道桔梗2遺跡　中
4. 土製品：青森県牧野2遺跡　晩
5. 土製品：秋田県漆下遺跡　後
6. 土製品◎：山梨県釈迦堂遺跡　中
7. 土製品：岩手県成田IV遺跡　後〜晩
8. 土製品：岩手県手代森遺跡　晩
9. 土製品◎：山梨県釈迦堂遺跡　中
10. 土製品：岩手県大日向II遺跡　晩
11. 土製品：岩手県滝谷III遺跡　後〜晩

1

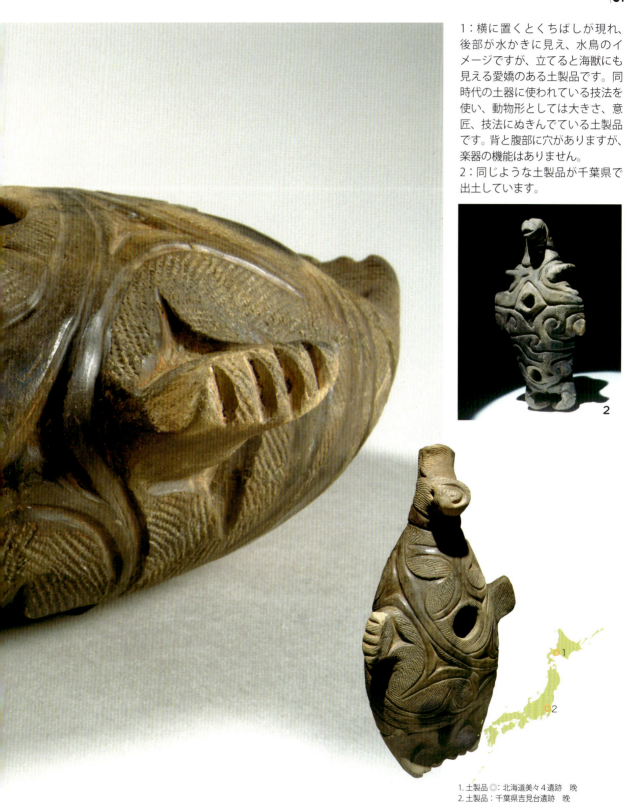

1：横に置くとくちばしが現れ、後部が水かきに見え、水鳥のイメージですが、立てると海獣にも見える愛嬌のある土製品です。同時代の土器に使われている技法を使い、動物形としては大きさ、意匠、技法にぬきんでている土製品です。背と腹部に穴がありますが、楽器の機能はありません。
2：同じような土製品が千葉県で出土しています。

1. 土製品 ◎：北海道美々4遺跡　晩
2. 土製品：千葉県吉見台遺跡　晩

縄文時代、魚も大事な食糧源で、漁労も盛んに行われていました。
1：釣針。魚に合わせて大小さまざまな釣針を作っています。針先を分離させる大型の針には、シカの角、骨、小さな針にはシカ、海獣の犬歯、イノシシの犬歯、大型獣の骨、鳥の骨が使われています。
2：魚影が2匹描かれた浅鉢の土器。縄文土器の中でも一番華麗な文様が現れる時期の土器です。
3：尻尾が欠けていますが、珍しい海獣骨のアクセサリーです。
4：小型の土器の破片に残されていた魚の文様。
5：尾びれが欠けたコイに似た魚形の土製品。腹に二つの穴があります。
6：刃先を2～3本束ねた漁労用の「槍」がヤスです。貝塚で使い古しのヤス先と、ヤスの突き跡のある1m近いスズキのエラが出土しています。
7：これも釣針。逆T字形釣針で、骨の両端を削って真中の太い部分に糸かけの刻みを入れています。
8：漁網の土製のおもりです。おもりには土器片や小石に刻みを入れたものもあります。
9：釣糸も漁網も土中で腐敗し出土しません。土器に焼きついた痕跡が漁網の存在を教えてくれます。

1. 骨角器：北海道入江貝塚　前～後
2. 土器：神奈川県恩名沖原遺跡　中
3. 骨角器：北海道天寧（テンネル）1遺跡　晩
4. 土器：長野県山ノ神遺跡　晩
5. 土製品：長野県雁石遺跡　後
6. 骨角器：静岡県蜆塚貝塚　後
7. 骨角器：長野県栃原岩陰遺跡　早
8. 土製品◎：栃木県藤岡神社遺跡　後
9. 土器：岩手県大館町遺跡　中

1：海獣の犬歯で作った7cm弱の釣針。釣糸を固着するのにアスファルトを使った跡が残り、その痕跡から糸の細さも推測できます。
シカの角は水中では光って魚の食いつきがよいといわれていますが、この礼文島の釣針はすべて海獣の犬歯が使われています。

2：白いガーゼの網目4〜5つ分の大きさで編まれている漁網と思われる編み物の一部。発掘後30年余、保存処理がなされていないため傷みが進んでいますが、縄文期唯一の魚網資料で、貴重です。

3：二股の枝木を輪にしてヤマブドウのツルの皮で結び、枠を作り、ツルの皮で編んだネットを張ったタモ網も出土しています。

4：流れの中に打ち込んだ杭にブドウのツルの皮で横木を結びつけ、柵を作り、網を使わずにサケの群れを誘導し捕獲する仕掛け「魞（えり）」が大小30余枚の柵の姿で発掘されました。写真の柵は最大の柵（1.5×2.3m）の一部です。岩手県萪内遺跡でも杭跡が発掘されているこの漁法は、近世のアイヌの漁法に似ています。

1. 骨角器◎：北海道船泊遺跡　後
2. 編み物：愛媛県船戸遺跡　晩
3. 木製品：北海道紅葉山49号遺跡　中
4. 木製品：北海道紅葉山49号遺跡　中

毎年、決まった時期に遡上するおびただしい数のサケを、縄文人は燻製（くんせい）などにして重要な食糧源としていたに違いありません。皮を衣服、靴にしているアイヌの例などを考えると、縄文人もサケのすべてを利用しつくしていたことも考えられます。

太平洋岸は千葉、日本海側は山口まで南下するサケ、マスは、東日本の縄文社会を支えた大きな自然の恵みだったのです。

北海道八雲町

低湿地では水を十分に含んだ粘土や砂、泥炭などで外気が遮断され、木製品がパックされて保存されていることがあります。縄文時代の木製品もそんな状態で発掘されています。

1：石の斧で大木をくり抜いて作った丸木舟の一部ですが、長さ 5m 余、幅 80 cm 余あります。縄文人たちはこんな丸木舟で櫂（かい）を使い宗谷海峡、津軽海峡を漕ぎ渡り、佐渡や伊豆七島にも渡ったのです。大きな丸木舟ばかりではありません。さまざまな道具が木を加工して作られています。

2：新潟市角田浜沖 15 km、佐渡との中間点近くの水深 150～170m の海底に眠っていた縄文時代中期の土器が底引き網で引き揚げられました。

3：横槌（ハンマー）で、近現代の民俗資料に比べても遜色がありません。

4：北海道内にある民俗例から皮なめしの道具と考えられています。

5：木の股の部分を利用した斧の柄の未完成品。

6：木器の装飾部分。

7：掘り棒と思われる木器。石斧を装着したような姿になっています。

1.丸木舟：新潟県青田遺跡　晩
2.土器：新潟市角田浜沖　中
3.木器：新潟県青田遺跡　晩
4.木器：北海道安芸遺跡　後
5.木器：青森県岩渡小谷遺跡　前
6.木器：新潟県青田遺跡　晩
7.木器：青森県岩渡小谷遺跡　前

1：石器もさまざまに使用されます。
2：丸みを帯びた刃をナイフのように使う石匙（いしさじ）。
3：先端を尖らせ穴を開ける、キリとして使う石錐（せきすい）です。
4：磨き上げられた石の斧、石器の材料の原石などのお宝が土器に納められ、発掘されました。黒曜石は現代の鉄鉱石のような基本の素材、斧、鏃（やじり）は極めて重要な道具でした。
5：打ち欠いたままの石器、打製石斧（だせいせきふ）は土を掘るため柄に付けて使います。
6：直径70cm余の大木の先端には刃跡が残り、移送のための縄をかける溝も彫られています。この作業に使われたのが、全体が磨かれている磨製石斧（ませいせきふ）と呼ばれる石の斧で、木材加工に適しています。石斧による作業は、鉄斧より3〜4倍の時間がかかるともいわれています。
7：木を石斧で加工し水差し、鉢などの木器も作られます。加工途中の木器と小さな磨製石斧です。
8：磨製石斧を3方向のさやと縄で固定し、斧として使うための柄。
9：刃を研ぎ、石を切断する、ヤスリとノコギリ兼用の砥石です。砥石の下に磨製石斧の原石があります。
10：シカの骨から釣針を作った工程や、石器を使って加工した跡がわかる残留品です。

1. 石器：群馬県安中市内遺跡5ヵ所　前
2. 石器：新潟県野首遺跡　中
3. 石器：新潟県野首遺跡　中
4. 石器：山梨県上中丸遺跡　後
5. 石器◎：長野県川原田遺跡　中
6. 石器・木製品：新潟県野地遺跡　晩
7. 石器・木製品：新潟県御井戸遺跡　晩
8. 石器・木製品：新潟県大武遺跡　後
9. 石器：北海道臼尻C遺跡　後
10. 骨角器：長野県栃原岩陰遺跡　早

1：ヤマザクラを彫って作った水差しで、赤と黒の漆（うるし）が塗られています。柄には装飾が施されています。黒の容器の中にはニワトコ、サルナシ、ヤマグワなど16種の果実がびっしり詰まっていました。果実を醸し、酒を造っていたとも考えられます。

2：棒状のものを幅2mmにも満たない縄状のもので巻き上げたもので、その巻き方は現代の編み組技法の中でも高度な技法に類似しています。用途や"縄"の材質は不明です。

3：浅鉢形の土器の胴に植物質のバンドが巻かれています。タガと装飾を兼ねています。

4：木材を割り裂き作った薄いベルト状のものを編み上げたカゴ。部位によって編み方を変える技法を使い高さ75cmものカゴを作っています。ドングリなどを入れ、掘り上げた穴に納め、防虫のため水を張り冬に備えたと思われます。この遺跡からは700余の大中さまざまの編みカゴが出土しました。

5：ヒノキ科の針葉樹の樹皮を使い、網代（あじろ）編みで作られた編みカゴ。なかにクルミが残されていました。網代編みは、土器の底などに圧痕が残っていて、当時の生活に広く使われていたことがわかります。

1. 木製品：新潟県分谷地A遺跡　後
2. 木工品◎：福島県荒屋敷遺跡　晩
3. 土器：東京都北江古田遺跡　中
4. 木製品：佐賀県東名遺跡　早
5. 植物製品◎：青森県三内丸山遺跡　中

漆の木が縄文時代の早い時期（1万2000年前）に生育していたことが確認され、9000年前の遺跡から漆を使った痕跡が出土しています。

1：竹籠を編み、それに漆を塗り重ねた籃胎漆器（らんたいしっき）が出土しています。

2：漆の木の生育には人の手が必要とされ、縄文人による木の生育支援があったようです。集落周辺で70本も出土した漆採取跡のある杭は漆の木々の管理、間伐さえも想像できる出土品です。

3：採取した漆を濾したり、塗り付ける作業に使ったような布も、漆の残った土器も出土しています。

4：漆塗りの技法は現代のそれに近く、黒を塗りその上に赤を塗り重ねたり、150℃以上の高温の土器に漆を塗る「焼き付け漆」の痕跡も見られます。いまだに反射する表面を持つ土器片は極めて質の高い漆が使用された証です。

5：注口部の割れの補修に使われている漆。

6：糸で装飾を施した飾り弓にも漆が塗られています。

1. 木製品：富山県中屋サワ遺跡　晩
2. 木製品◎：東京都下宅部遺跡　後
3. 土器・繊維：青森県是川遺跡　後
4. 土器片◎：東京都下宅部遺跡　後
5. 土器：埼玉県大木戸遺跡　後
6. 木製品：埼玉県大木戸遺跡　後

縄文の器物の彩色は顔料を塗り込んだ物と、色漆を塗った物があります。彩色といっても赤と黒の2色、赤は水銀朱とベンガラの赤、黒は炭と漆を混ぜた黒を塗っています。

1：浅鉢とフタ、小壺など、文様に顔料で彩色した完形品が出土しています。

2：顔料の塗布か、漆による色付けか分析が進んでいません。出土時の赤と黒の色彩の鮮やかさは、見る間に輝きを失うそうです。川底に近い湿潤な地層で空気から遮断され守られた美です。

3、4：ベンガラの原石を保管していた土器も見つかります。比較的手に入りやすいベンガラは焼いて粉砕し、石皿に載せ磨（す）り石できめ細かな顔料にして使用されています。土器ばかりでなく石器、土偶、そして耳飾りなどにも使われています。

5：直径46㎝、厚さ1㎝、ベンガラの赤漆が塗られた木胎（もくたい）の器です。把手には巻貝の蓋を漆で埋め込み、螺鈿仕様の痕跡が見られます。

1．土器：石川県中屋サワ遺跡　晩
2．土器：埼玉県長竹遺跡　晩
3．石器・顔料：秋田県向様田A遺跡　晩
4．土器・顔料：栃木県曲畑遺跡　前
5．木製品：青森県向田(18)遺跡　前

1：砂混じりのアスファルトに熱を加え、アスファルトを取り出す作業に使われた土器。
2：アスファルトは土器、土偶などの接合補修、石鏃（せきぞく）と矢柄の接合などに使われています。この列島北端の遺跡では石鏃と銛（もり）先の装着部にアスファルトが使われています。
この遺跡のアスファルトは大部分が新潟産ですが、一部サハリン産もありました。
3：アスファルトを貯蔵した土器が北海道で出土しています。
4：原油のしみ込んだオイルサンドを採掘した鉱山会社の跡地です。縄文人はオイルサンドを加熱し、砂と分離させ、アスファルトを取り出しました。
5：分離した土偶の胴部、足の断面にはアスファルトの痕跡があり、この土偶がアスファルトで補修されながら、縄文人の生活に密着していたことが想像されます。

1. 土器：秋田県烏野上岱遺跡　中
2. 石器・骨角器 ◎：北海道船泊遺跡　後
3. 土器・アスファルト：北海道豊崎N遺跡　後
4. 地層断面：秋田県能代市
5. 土偶 ●：青森県風張Ⅰ遺跡　後

3 飾り、装う
土と石、骨と貝、草木と漆を使って

1. 石製品・土製品：新潟県十日町市内遺跡集合　前〜晩
2. 石製品・土製品◯：群馬県千網谷戸遺跡　晩

何を縄文人は身に着けていたのか、繊維は土に還り着衣は残っていませんが、知る手がかりは残っています。漆が保護して残した編布・糸玉、骨の縫い針、土偶に刻まれた縄文の着衣などです。

1：骨角製針。糸通しの穴も太さも現在の刺繍針そっくりです。
2：赤い漆で包まれた糸を巻いた糸玉。技法、用途は解明されていません。
3：漆を濾（こ）したり塗る作業に使われたと思われる布が、漆のおかげで残っています。
4：ボタン穴状の細工がある布。
5：あんぎん（編布）とわかる漆の濾し布です。この「あんぎん」をつくる編み方は現在もスダレを編む方法として残っています。
6：土偶に着衣が描かれています。ふんどし・下帯のような着衣です。
7：1m近くに育つカラムシの葉と茎、その茎から採った繊維を撚（よ）った糸を編んだ「あんぎん編み」。
（新潟県津南町ならごしの会協力）

1. 骨角器：長野県栃原岩陰遺跡　早
2. 糸：新潟県青田遺跡　晩
3. 布製品◎：青森県亀ヶ岡遺跡　晩
4. 布製品：北海道柏木川4遺跡　晩
5. 布製品：秋田県中山遺跡　後
6. 土偶◎：青森県二枚橋2遺跡　後
7. あんぎん編み：新潟県津南町

私たちの身の回りで繊維を取り出せる植物はシナノキ、カラムシ、イラクサ、カジノキ、コウゾ、フジ、アサなどが考えられます。こうした草木から縄文人は繊維を取り出し、糸を撚り、モジリ編みなどで布を作っていたのでしょう。

1：77ページの土偶の後ろ姿です。お腹から腰ヒモが回っています。ここにある4点の土偶は出土地が離れていますが、同じような着衣に見えます。

4：背中の文様は、入れ墨か着衣の柄か、判断できません。

1. 土偶◎：青森県二枚橋2遺跡　後
2. 土偶：秋田県向様田D遺跡　後
3. 土偶：山梨県石堂遺跡　後
4. 土偶：青森県観音林遺跡　後

9　　　　　　　　　　10

縄文時代の装飾品類です。なかにはどんな使い方をしていたのかわからないものもありますが、細かく根気のいる細工とデザインなどから、身の回りを飾る用途が考えられます。
1：指輪に見えますが、指に入れるにはサイズが小さいものです。
2、7：髪飾りかブレスレットと考えられます。
3：腰飾りあるいはペンダント。
4：貝製のブレスレットを模した土製のブレスレット。
5、6、11：これらの小さな石製品の使い道はわかっていません。
8：仮面のパーツのような歯の彫り物、北海道に生息していないイノシシの牙を加工したものです。北海道では、イノシシの牙は装飾品として出土しています。
9：指輪サイズのもので、樹皮で作られています。
10：滑石を削って作ったペンダントです。ベンガラで赤く塗られた跡があります。墓から出土したので、死者の首に掛かっていたものかもしれません。

11

1.石製品：新潟県長者ヶ原遺跡　中
2.土製品：青森県十腰内遺跡　後
3.石製品：山梨県青木遺跡　後
4.土製品：秋田県向様田Ａ遺跡　晩
5.石製品：青森県不備無遺跡　晩
6.石製品：北海道コタン温泉遺跡　前
7.土製品：岩手県近内中村遺跡　晩
8.骨製品：北海道入江貝塚　晩
9.樹皮製品◎：新潟県青田遺跡　晩
10.石製品：長野県滝沢遺跡　後
11.石製品：新潟県元屋敷遺跡　後

2

3

ピアス式の耳飾りです。土偶の耳にある穴は耳飾りの穴で、多くの土偶に見られます。最初は耳に小さな穴を骨針などで開け、小枝などで徐々に広げたのでしょう。世界各地の民族にもこうした方法が見られます。

1㎝に満たないものを着け始め、そして、ピアス穴が広がるからなのか、それとも耳飾りの大きさを競ったのか、8㎝クラスの大きさの耳飾り（耳の穴径は4㎝程度必要）も珍しくありません。大きさとデザインが縄文ファッションの話題だったのでしょう。

2のようなリング、3のような透かし彫りの工夫をして軽くする作り方も見られます。

3の耳飾りと一緒に、粘土を彫り削った作製時のカスも出土しています。

1. 土製品 ◎：埼玉県後谷遺跡　晩
2. 土製品：栃木県寺野東遺跡　後〜晩
3. 土製品 ◎：群馬県千網谷戸遺跡　晩

1、2：櫛です。木製の歯を1本ずつ並べて糸で結束し、それを漆で固めながら、時には木くずの粉を使ってすき間を埋めて装飾の細工を施しています。最近の研究で、櫛の歯の断面は円でも、飾りに隠れる根元は四角に加工され結束しやすく、丈夫にする工夫をした櫛もあることがわかりました。

3：飾り櫛が使われていたと思われる土偶です。

3

1. 木製品 ◎：北海道カリンバ遺跡　後
2. 木製品 ◎：埼玉県後谷遺跡　晩
3. 土偶：新潟県北平B遺跡　後

11

15

12

縄文時代後半の土偶の髪型です。髪の長さ、整髪方法が知りたくなるターバンのような髪型ですが、日常生活、労働に向いているとは思えません。特別な日だけの縄文人の姿なのか、日常でもこの髪型で過ごす特別な身分・役割の人物がいたのか、縄文社会を考えさせられる土偶です。

13

14

16

1. 土偶：岩手県九年橋遺跡　晩
2. 土偶：秋田県漆下遺跡　後
3. 土偶：岩手県九年橋遺跡　晩
4. 土偶：岩手県九年橋遺跡　晩
5. 土偶：青森県高杉遺跡　晩
6. 土偶：新潟県籠峰遺跡　後
7. 土偶：出土地不明　後
8. 土偶：岩手県九年橋遺跡　晩
9. 土偶：秋田県漆下遺跡　後
10. 土偶：岩手県九年橋遺跡　晩
11. 土偶：岩手県九年橋遺跡　晩
12. 土偶：出土地不明　晩
13. 土偶：◎青森県二枚橋２遺跡　晩
14. 土偶：岩手県九年橋遺跡　晩
15. 土偶：◎青森県二枚橋２遺跡　晩
16. 土偶：出土地不明　晩

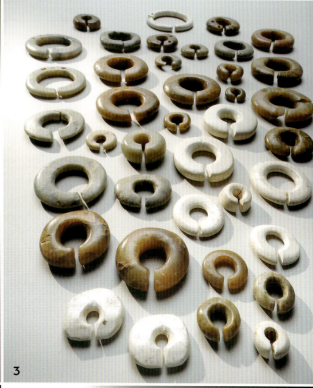
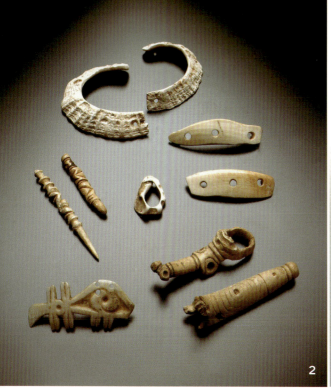

ネックレス、ペンダント、イヤリングなどの装飾品です。

1：真中に、キツネの下顎と鷲の爪3本、上から大きなトドの牙（犬歯）、アシカ、オットセイ、イルカの牙が並び、キツネの上にはヒグマの牙と爪、下にはキツネの牙が8本、鷲の爪の下にはテンの下顎、その下にはホオジロザメの歯が1本、それぞれに穴が開けられています。

2：貝の腕輪やペンダント、シカの角の笄（こうがい）、手前にはイノシシの牙で作ったペンダント、シカの角を細工した腰飾りが並んでいます。

3：すべて耳飾りです。輪の切れ目を耳たぶの穴に通してぶら下げる石製の物です。大陸との関係にさえ思いが及ぶ姿です。

4：巻貝を両面から削り、扁平にしてペンダントが作られています。

5：北海道北端の礼文島から出土した貝のビーズ、貝玉です。2枚貝のビノスガイの貝殻から何枚もの小さい貝片を作り、丸く整形し、島で採れるメノウをキリにして穴を開けています。墓の人骨には、首、足首、手首など1体に100個以上の貝玉が着けられていました。この遺跡から出土した貝玉は約4500点、メノウ製キリは未製品を含め3万点ありました。

6：ネックレスをした珍しい土偶です。

1. 骨製品：北海道入江貝塚　前〜後
2. 貝・骨製品：宮城県里浜貝塚　晩
3. 石製品◎：福井県桑野遺跡　前
4. 貝製品：鹿児島県下山田Ⅱ遺跡　後
5. 貝製品◎：北海道船泊遺跡　後
6. 土偶：長野県石神遺跡　晩

石を削り、磨き、穴を開け、縄文人は貴石や"宝石"にしていました。
1：石を丸くし、形を整えるのに使われた砥石。硬度がきわめて高いヒスイの玉もこの砥石で長い時間をかけて丸く加工されました。
2：縄文時代の初めの頃の垂飾り（ペンダント）。比較的加工しやすい滑石の加工品です。
3、4はコハク、旧石器時代にも装飾品として使われていた石です。岩手県久慈、千葉県銚子で原石が見つかります。
5：玉を作るための原石を納めた土器です。
6：石に穴を開ける技法がわかるものです。垂飾りの穴の断面に穴開け作業の跡が残っています。同じ回転方向で穴を開けつづけると、痕跡はらせん状になりますが、これは左右の回転をくり返したもので、同心円状の痕跡がついています。
この穴開けの作業には硬い石器を使わず、細い竹や鳥骨にヤスリの役割をする硬砂をつけながら回転させて揉み切りし、貫通させたのです。手前の石器の穴は二重になっています。表と裏、両方から作業したことがわかります。

1．石製品 ◎：富山県境A遺跡　中～晩
2．石製品：新潟県長者ヶ原遺跡　中
3．石製品：栃木県寺野東遺跡　後～晩
4．石製品：新潟県大久保遺跡　後
5．土器・原石：青森県五月女萢遺跡　後～晩
6．石製品：新潟県野首遺跡　中

北海道美々4遺跡　後〜晩

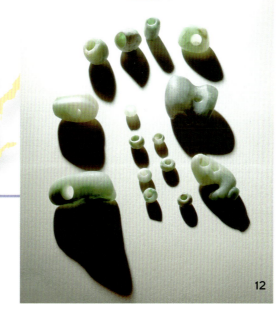
12

北海道浜町A遺跡　中

9

青森県三内丸山遺跡◎　中

13

青森県上尾駮（1）遺跡　晩

14

栃木県仲内遺跡　中

10

埼玉県石神貝塚　中

東京都田端遺跡　晩

11

東京都忠生遺跡　中

15
16

山梨県三光遺跡　中

17

これらはすべて新潟県姫川河口域のヒスイです。この石が縄文時代中頃から北海道、九州にまで運ばれ、終わりの頃には沖縄まで広がっています。このきわめて硬く、加工が困難ながら美しい色と光沢が得られる石に、縄文人は装飾以上の意味を込めて尊重したと思われます。ヒスイを加工し宝石としたのは、世界の石器時代人のなかでも縄文人が最初です。穴開け作業は91ページと同じ方法と思われます。3の、作業中に破損した穴の底部にある円錐は、回転させた竹管の中空が作り上げたものです。このナイフでも傷をつけることができない硬い石に穴を開けるのは高い技術を要しました。

1：縄文時代の初めの頃の遺跡から出土したヒスイは加工方法がわからなかったのか、ハンマーとして使用していた跡が表面に残っています。石器として使われた宝石の原石です。

5：縄文時代中頃になると、遺跡から出土した原石は宝石として扱われ、研磨の跡が残っています。

8：縄文時代最古のヒスイ加工品です。

13：長いナッツのような形が多いのですが、東北・北海道に多い9、13のような円形の物を含めて、すべて大珠と呼び、他の石製宝飾品と区別しています。

1

4 装飾された土器群
実用を圧倒する 文様と突起

1. 土器 ◎:群馬県道訓前遺跡　中
2. 土器:千葉県能満上小貝塚　後

1

いずれも縄文時代の初め（草創期）に作られた土器です。底の尖った、尖底と丸底の鉢がほとんどです。
1：この尖底の土器は爪の跡が胴部に何周も規則的に付けられています。作り手の爪を使う場合と爪形の道具を使って文様を作り出す場合があります。
2：何本もの太い帯を口縁から胴部に回し下げ、間をあけ2本の帯をまた周回させるという、意匠感覚が読み取れる土器です。さらにその帯には貝殻の背を押し付けて鉢を見事に飾っています。

1. 土器 ◎：群馬県下宿遺跡　創
2. 土器 ◎：鹿児島県三角山遺跡　創

1

2

3

9500～7500年前の、鹿児島県出土の完成度の高い土器です。
1の楕円・異形の壺、2のレモン形、3の角筒形深鉢、4の壺、すべて、この時期、他の地域にはない土器です。特に壺は縄文時代の終わりの頃に現れ、その後の弥生時代に多く見られるものです。さらに、5の耳飾り、6の異形石器など縄文時代後半に見られるものが一緒に出土し、最古と思われる縄文の集落さえ発掘で確認される発展した姿が、縄文時代の早い時期にあったのです。

この南九州の縄文文化は7300年前の鬼界カルデラの噴火による半径100kmの火砕流と、膨大な噴出物(アカホヤ)の下(40～60cm)に埋まり、その後、鹿児島南部はススキ野が数百年続いたと推定されています。

このカルデラ噴火は超巨大噴火で、30mの津波や、軽石や火山灰からなる"軽い"火砕流が海面上を走り、薩摩、大隅半島に達したとされ、アカホヤは紀伊半島中部でも20cm、琵琶湖で3～5cmの降灰を残し、遠く東北地方でも確認されています。

1. 土器：鹿児島県城ヶ尾遺跡　早
2. 土器：鹿児島県建山遺跡　早
3. 土器◎：鹿児島県前原遺跡　早
4. 土器◎：鹿児島県上野原遺跡　早
5. 土製品◎：鹿児島県上野原遺跡　早
6. 石器◎：鹿児島県上野原遺跡　早

2-1

2-2

1：土器が生まれた頃、形は丸底や平底でした。次に現れたのが底の尖った尖底土器で、自立しないので石で支えたり、床に埋めたりして使用したと思われます。
この尖底土器のグループは長野から群馬にかけて使われていたもので、土器の表面全体に縄を押し付けながら回転させ文様を作っています。これらの土器の文様に使った縄は比較的単純な撚（よ）り方ですが、3本以上を撚ったり、小さな輪を作ったり、棒状の物に巻きつけて回転させたりと複雑多彩な文様を生んでいきます。

2-1：そんな縄の道具が土器の底に残っていました。縄文時代後期の土器ですが、土器作りの際たまたま土に紛れ胴部の底に練りこまれ、焼かれ、空洞となって残っていました。

2-2：その痕跡から縄を撚り、現代に縄文道具を復元しました。長年、考古学者が研究し想像した姿（縄文原体）と同じでした。この単純な撚り方の文様が上にある土器片の文様です。

1.土器：長野県下弥堂・塚田遺跡　前
2.土器：岩手県横欠遺跡　後

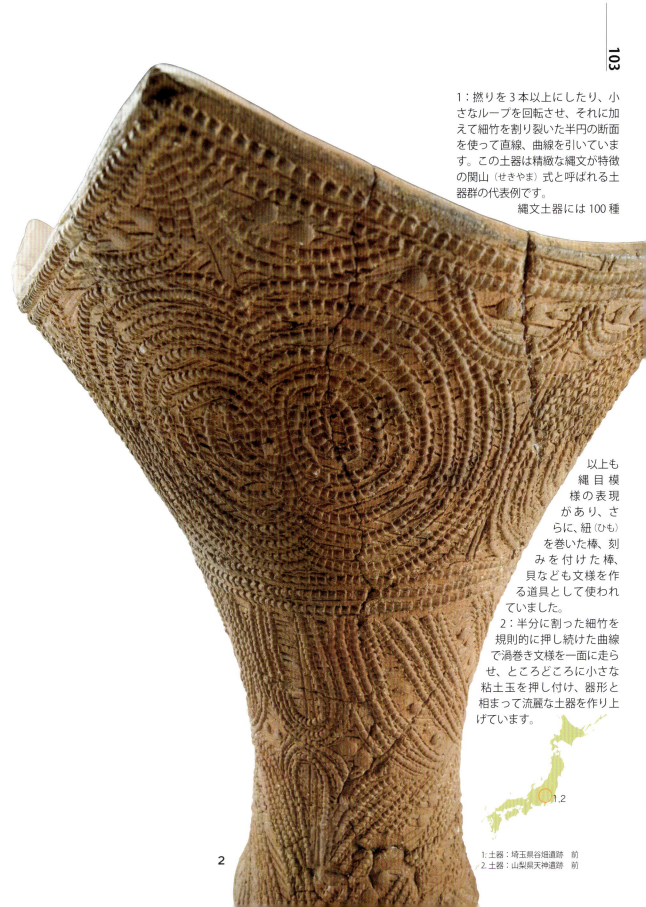

1：撚りを3本以上にしたり、小さなループを回転させ、それに加えて細竹を割り裂いた半円の断面を使って直線、曲線を引いています。この土器は精緻な縄文が特徴の関山（せきやま）式と呼ばれる土器群の代表例です。

縄文土器には100種以上も縄目模様の表現があり、さらに、紐（ひも）を巻いた棒、刻みを付けた棒、貝なども文様を作る道具として使われていました。

2：半分に割った細竹を規則的に押し続けた曲線で渦巻き文様を一面に走らせ、ところどころに小さな粘土玉を押し付け、器形と相まって流麗な土器を作り上げています。

1: 土器：埼玉県谷畑遺跡　前
2: 土器：山梨県天神遺跡　前

1〜4：1万6000年前に焼かれ始めた土器は、縄文時代中頃の5000年前にはこの4点のように80cm近いもの、そして1mを超えるものも作られるようになりました。

土器作りには地元の粘土を使い、砂、雲母（うんも）、繊維などを加える工夫も見られます。そして、大きな土器もロクロを使わず、粘土の乾き具合を見ながら積み上げ、成形する作業を数日続けて作られたと考えられています。この熟練を必要とする作業には専門の技能集団が携わっていたのか、議論の分かれるところです。また、世界各地の民族に多く見られるように、女性による土器作りが縄文時代に行われていたのかもしれません。焼き上げるのに窯は使っていません。露天で、炎の中に置き、数時間かけて焼くのです。

5：現代の野焼き（土器焼き）。各地の博物館などで野焼きによる土器作りが盛んです。この野焼きはかなり大がかりなものです（阿久友の会）。

1. 土器：山梨県安道寺遺跡　中
2. 土器◎：山梨県殿林遺跡　中
3. 土器◎：青森県石神遺跡　中
4. 土器：新潟県幅上遺跡　中
5. 長野県原村

107

文様で埋め尽くした土器と展開写真です。
1：粘土紐を張り付け、盛り上がった曲線で埋め尽くされた土器、北陸地方に共通する文様を持っています。
2：細い竹を割った半円の断面を使い、ためらわず一気に押し引いた線が隆体の線となり、渦巻きが埋め尽くす土器で、他に類例がない土器です。

1

▼から▼までが一周です。

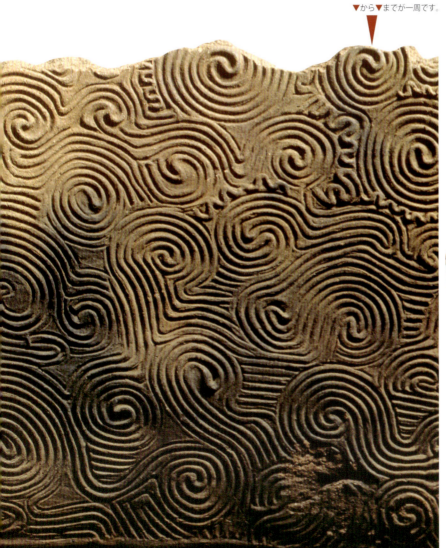

1. 土器：新潟県六反田南遺跡　中
2. 土器：山梨県桂野遺跡　中

2

過剰なまでの土器文様です。
1～7：大きな土器も作られるようになり、あふれるような文様、装飾が見られるようになった縄文時代中頃の土器です。
8：縄文時代の終わり頃、東北地方を中心に見られる文様と器型です。
近代のアイヌの文様に雰囲気が似ています。

1. 土器 ◎：山梨県酒呑場遺跡　中
2. 土器：群馬県南蛇井増光寺遺跡　中
3. 土器 ◎：山梨県釈迦堂遺跡　中
4. 土器：長野県藤内遺跡　中
5. 土器 ◎：福島県法正尻遺跡　中
6. 土器 ◎：岩手県繋Ⅴ遺跡　中
7. 土器：群馬県南蛇井増光寺遺跡　中
8. 土器：岩手県豊岡遺跡　晩

縄文時代を通して遺跡の数が最も多いことから、人口も一番多かったとされる縄文時代中頃の土器です。2点とも縄文文化の隆盛な時期に、その中心地で作られたものです。

2：土器の最上部に規則的に穴（孔）が開けられ、帯状の鍔（つば）がついている、有孔鍔付（ゆうこうつばつき）土器と呼ばれるものです。穴が開いている理由として、タイコの革を張るのに用いたもの、酒造りのための密閉用などと考えられています。

1. 土器：長野県曽利遺跡　中
2. 土器：神奈川県杉山神社遺跡　中

1

1、2の土器ともに中部地方の縄文中期の土器作りの一つの頂点を示すものです。

1：長野県の八ヶ岳、諏訪湖周辺に見られる籠（かご）目の文様の土器です。粘土紐を自在に貼り付けています。陶芸経験者もこの粘土紐の手慣れた使い方には感歎する技で、格子の文様から右利きと左利きを判断できるとされますが、この土器の作者はそのクセも見せない技量の持ち主だそうです。

2：土器の口に穴が開けられ、帽子の鍔（つば）が一周しているので、有孔鍔付土器と呼ばれています。この特別な穴と鍔（つば）から酒造器、太鼓説と使用目的の意見が分かれます。
これだけ太い粘土紐を貼り付けると、剥がれるか、ヒビ割れをするものですが、手早く一気に貼り付けたのか、後々補修をした様子が見られません。この土器も技術の高さには驚かされます。

2

1. 土器：長野県尖石遺跡　中
2. 土器：長野県花上寺遺跡　中

時期・地域によって文様・突起が変化します。その違いで研究者は土器を時代ごとに区分し、また地域ごとの特徴やその変化から、方言やなまりの広がりのように縄文人の移動・交易、文化圏を研究します。

1：いわゆる火焔型（かえんがた）土器です。縄文人が火焔を表現したか定かではなく、最初の発見者がその造形から火炎型と名付けたのです。近年、特徴ある突起をイノシシと考える研究もあります。新潟中越地方を中心に、北は秋田近く、東は福島辺りにも出土します。

2：甲府盆地から三多摩地域に見られる土器です。

土器はその破片を含め出土した地層（層位）、形・文様、装飾、粘土質、出土数などから遺跡の年代、社会の移り変わりを知る重要な物差しです。

1. 土器 ●：新潟県笹山遺跡　中
2. 土器 ◎：山梨県一ノ沢遺跡　中

1-1

大きな口縁の"回廊"に、ヘビを頭にのせた顔と巨大な蛇頭が向かい合い、やや小さい円孔をもつ2つの突起はイノシシとも思われ、これも向かい合っています。さらに空いた部分にヘビと円文と手が造られています。人々の神話世界が描かれているのかもしれません。ギリシャ陶器のように、縄文時代のおはなしが創られているのでしょうか。

1. 土器：埼玉県西原大塚遺跡　中

1

2

3

4

5

7

8

6

9

12

濃密なのは文様だけではありません。装飾としてつけられた突起の姿は、彫刻といった趣です。煮炊きなどには邪魔な突起ばかりです。

しかし、オコゲの跡がある土器も出土しており、実用品だったことは明らかです。

これらの土器に限らず、土器の内側は貝殻、丸石などで磨き、緻密な表面にしてから土器焼きをし、水漏れを最小にしています。

10

13

14

11

15

1. 土器 ◎：長野県川原田遺跡　中
2. 土器 ●：新潟県笹山遺跡　中
3. 土器：伝 新潟県出土　中
4. 土器：新潟県沖ノ原遺跡　中
5. 土器：新潟県野首遺跡　中
6. 土器：秋田県根子ノ沢遺跡　中
7. 土器：新潟県馬高遺跡　中
8. 土器 ◎：富山県境A遺跡　中
9. 土器：新潟県堂平遺跡　中
10. 土器 ◎：群馬県房谷戸遺跡　中
11. 土器：山梨県石之坪遺跡　中
12. 土器 ◎：群馬県道訓前遺跡　中
13. 土器 ◎：群馬県道訓前遺跡　中
14. 土器：新潟県堂平遺跡　中
15. 土器 ◎：長野県川原田遺跡　中

1

1：突起がなく、静かな感じの土器ですが、胴部は隙間なく文様で埋められています。
2：胴部を縄目で埋めつくした後、その地紋を消しながら太い帯を作り、文様を描いているものです。

1. 土器 ◎：富山県境Ａ遺跡　中
2. 土器：秋田県根子ノ沢遺跡　中

1

1：縄文時代後期の土器で、この時期にはしばしば奇数の波状の口縁が見られます。土器の突起などは偶数が多いのですが、奇数の割り付けは大変難しい作業です。近年、縄文時代に数の概念があったという考えが多くなりました。そうしたことを裏付ける資料です。

2：青森県では縄文時代後期に大きな甕（かめ）を墓に使っている遺跡が多く見られます。多くは土器を逆さまに使いますが、これは蓋をしたまま、上向きで出土しました。

1. 土器 ◎：青森県風張遺跡　後
2. 土器：青森県長沢遺跡　後

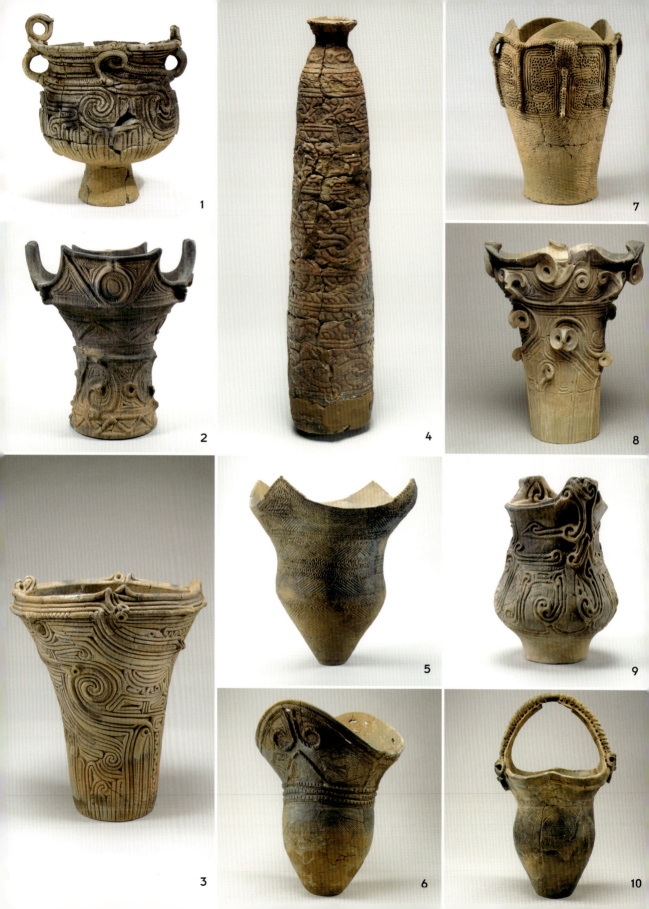

11

12

小ぶりの土器でも、あふれるばかりの文様と装飾の突起は、大きな土器にも遜色ありません。

13

14

15

1. 土器：富山県浦山寺蔵遺跡　中
2. 土器：山梨県石之坪遺跡　中
3. 土器：新潟県六反田南遺跡　中
4. 土器：北海道沢町遺跡　晩
5. 土器◎：千葉県幸田貝塚　前
6. 土器：長野県藪沢Ⅰ遺跡　前
7. 土器：新潟県野首遺跡　中
8. 土器：新潟県野首遺跡　中
9. 土器：新潟県野首遺跡　中
10. 土器：長野県一津遺跡　後
11. 土器：山梨県天神遺跡　前
12. 土器◎：千葉県幸田貝塚　前
13. 土器：群馬県糸井宮前遺跡　前
14. 土器：山梨県小屋敷遺跡　中
15. 土器：群馬県行田大道北遺跡　前

1

4

7

2

5

3

6

8

釣手土器、香炉形土器として分類される土器ですが、内部にスス、黒変などが見られることから、灯火、縄文人のランプとしての用途が考えられます。
ただ、その装飾は生活具の域を超えていて、灯のともされた姿は精神世界までも想像させるものがありますが、縄文人の余裕、遊びと考えてもいいのかもしれません。

1. 土器：埼玉県高井東遺跡　後
2. 土器：長野県平出遺跡　中
3. 土器：長野県平出遺跡　中
4. 土器：山梨県宮ノ前遺跡　中
5. 土器◎：富山県境A遺跡　中
6. 土器：長野県平出遺跡　中
7. 土器：山梨県塩瀬下原遺跡　中
8. 土器：長野県平出遺跡　中
9. 土器：長野県大深山遺跡　中

中国の青銅器を思わせるようなもの、木製の曲げ物のような姿など、縄文土器は多種多様です。3の台形土器には網代（あじろ）の炭化物が残っています。
その用途・姿には、大陸からの渡来人まで、あれこれと思いを巡らさせられるものばかりです。

11

12

13

1. 土器 ◎：富山県境A遺跡　中
2. 土器：青森県三内丸山遺跡　中
3. 土器：神奈川県橋本遺跡　中
4. 土器：長野県比丘尼原遺跡　中
5. 土器：埼玉県出土
6. 土器：栃木県山苗代A遺跡　中
7. 土器：山形県砂子田遺跡　晩
8. 土器：北海道大川遺跡　晩
9. 土器：新潟県朝日遺跡　晩
10. 土器：長野県大ダッショ遺跡　中
11. 土器：新潟県五丁歩遺跡　中
12. 土器：東京都木曽中学校遺跡　中
13. 土器：神奈川県金子台遺跡　後

1

131

1：口に4つの取っ手のある蓋つきの土器です。直径60cmの大きさで、底部が10cmにも満たない不安定な器形です。床に埋め込んだり、取っ手に縄を通して使ったと思われます。
2：土器裏面の上部にある水の入れ口が、手前の注ぎ口の位置よりかなり高いため、液体をこの土器に入れると満水になる前に注ぎ口から液体が流れ出てしまう不思議な器形です。
この土器には水銀朱を混ぜた赤漆が塗られています。その特徴から東北地方で作られて、北海道に持ち込まれた土器とされています。

1.土器：長野県山越遺跡　中
2.土器：北海道野田生1遺跡　後

私たちが日常生活で見かける器形は、底の浅い平皿以外はすべて縄文土器にも見ることができます。5～8の深皿と浅鉢は直径が50cm近いので、大勢で食事もできそうです。9の左右には獣面の横顔があります。

また、壺形の土器は縄文土器には少なく、縄文時代の初め九州で見られましたが姿を消し、縄文時代の終わり頃から東日本で現れます。

1. 土器◎：青森県川原遺跡　晩
2. 土器：岩手県九年橋遺跡　晩
3. 土器◎：長野県中ッ原遺跡　後
4. 土器：青森県青鹿長根遺跡　晩
5. 土器◎：富山県境A遺跡　中
6. 土器：群馬県道木原遺跡　前
7. 土器：東京都御嶽堂遺跡　中
8. 土器：新潟県高平遺跡　中
9. 土器：新潟県野首遺跡　中

1：黒の文様が漆で施されている土器で、規則的な穴が口の縁に開けられています。
2：黒漆の上に赤漆で文様を描いています。線を引いた道具は特定されていませんが、4の是川遺跡からは内側に刷毛目（はけめ）のある壺形土器が出土しています。
3：帯状に縄文をすり消して、赤漆が塗り込められています。
5：浅鉢の内側には漆だけで土器と同じような文様が描かれています。
こうした漆の使用は自生の漆の木だけでは必要な量を採取できないとされ、漆の木が栽培・管理されていたと考えられています（111ページ6参照）。

1. 土器◎：山形県押出遺跡　前
2. 土器◎：青森県亀ヶ岡遺跡　晩
3. 土器◎：福井県鳥浜貝塚　前
4. 土器◎：青森県是川中居遺跡　晩
5. 土器：宮城県永根貝塚　晩

すべて注ぎ口が付けられている土器です。土瓶より小さな土器がほとんどですが、7 だけはずば抜けて大きな土器です。

漆が塗られているものもあり、火にかける用途でないことがわかります。そして 131 ページの土器と同じように、注ぎ口は実用になりにくい位置に付けられています。

1. 土器：千葉県福田貝塚　後
2. 土器◎：新潟県元屋敷遺跡　後
3. 土器：出土地不明　後
4. 土器：新潟県中ノ沢遺跡　後
5. 土器：北海道垣ノ島遺跡　後
6. 土器：千葉県堀之内貝塚　後
7. 土器：栃木県八剣遺跡　中
8. 土器：千葉県株木東遺跡　中
9. 土器：出土地不明　晩
10. 土器：青森県玉清水遺跡　晩
11. 土器：群馬県深沢遺跡　後
12. 土器：埼玉県雅楽谷遺跡　後
13. 土器：北海道大川遺跡　晩

1

5 文様に込められたもの
人と動物のすがた

1. 土器：長野県上野林遺跡　中
2. 土器：長野県札沢遺跡　中

人体や動物を文様にした土器には縄文人のメッセージが託されているようです。

1、4：巻貝です。巻貝の類例はすべて写実的で、実物を手元に置いて作っていたのかと思えるほどリアルです。

2、3、7：イノシシが土器に付けられています。

2：耳が大きくコウモリにも見える頭が釣手に付いた土器です。釣手の内側が焼け焦げ、ススが付着しているのでランプとして使われたことがわかります。
この土器は、釣手2本に四足の動物が付いているので、コウモリではなく、釣手土器に多いイノシシの頭をかたどっていると考えられます。

3：蓋状の部分がイノシシの頭として表現され、牙が付いている珍しい例です。

5、6：鳥と思われる造形と文様です。6は10cmに満たない高さです。

1.土器：岩手県近内中村遺跡　後
2.土器：東京都武蔵台東遺跡　中
3.土器：富山県井口遺跡　後
4.土器：北海道キウス4遺跡　後
5.土器：石川県真脇遺跡　前
6.土器：北海道美々4遺跡　晩
7.土器：山梨県安道寺遺跡　中

1

3

2

4

土器の装飾で使われている動物はヘビ、そしてイノシシが多く見られます。
イノシシは縄文人の狩りの主要な獲物ですが、これより多く見られるのがヘビです。ヘビの脱皮などに不死の思いを託していたのかもしれません。
1〜4、9：土器に付けられているヘビの造形です。
5：ヘビあるいはカエルのイメージを持つ突起です。
6：鳥とヘビと思われる土器の突起です。
7：クマ、またはイノシシと思える頭部です。
8：カエルとも見える珍しい突起です。

5

7

9

6

8

1. 土器：東京都忠生遺跡　中
2. 土器：山梨県大木戸遺跡　中
3. 土器◎：山梨県一ノ沢遺跡　中
4. 土器：山梨県柳田遺跡　中
5. 土器部分：長野県川原田遺跡　中
6. 土器部分：栃木県八剣遺跡　中
7. 土器部分：新潟県中新田A遺跡　中
8. 土器部分：新潟県幅上遺跡　中
9. 土器部分：新潟県北平B遺跡　中

1

1：土器に動物が装飾として使われたのはイノシシが最初です。縄文時代前半のこの遺跡からはイノシシの頭の突起を付けた土器と、その突起の土器片が大量に出土しています。
同じようなイノシシの突起は広く長野、山形、東京でも見つかります。このイノシシを表現した土器の姿は変化が早く、やがて単なる円形の文様へと単純化してしまいます。
2：左ページの土器群より古い頃のイノシシの頭部（完形品）と思われる最古クラスの動物形土製品。口の部分は貫通した穴で表現されています。

2

1. 土器：群馬県中野谷松原遺跡　前
2. 土製品：千葉県飛ノ台貝塚　早

1

具体的な動物が連想される文様ばかりではありません。特定ができない躍動する生き物が貼り付けられている土器があります。サンショウウオなどともいわれますが、基本は半円状にとび跳ねたような姿で、いくつかの種類の頭が見られます。

1. 土器：山梨県石之坪遺跡　中
2. 土器◎：山梨県酒呑場遺跡　中

いずれの土器も、粘土の太い紐（ひも）を積み上げて作られています。その輪積みの技法が作る胴部の線を文様にしたり、文様の割り付けに使っていることがよくわかります。躍動感があり、何かの生き物が動いている文様のようです。

1

4

5

1. 土器：山梨県石之坪遺跡　中
2. 土器：山梨県石之坪遺跡　中
3. 土器：東京都神谷原遺跡　中
4. 土器：長野県平出遺跡　中
5. 土器：長野県平出遺跡　中

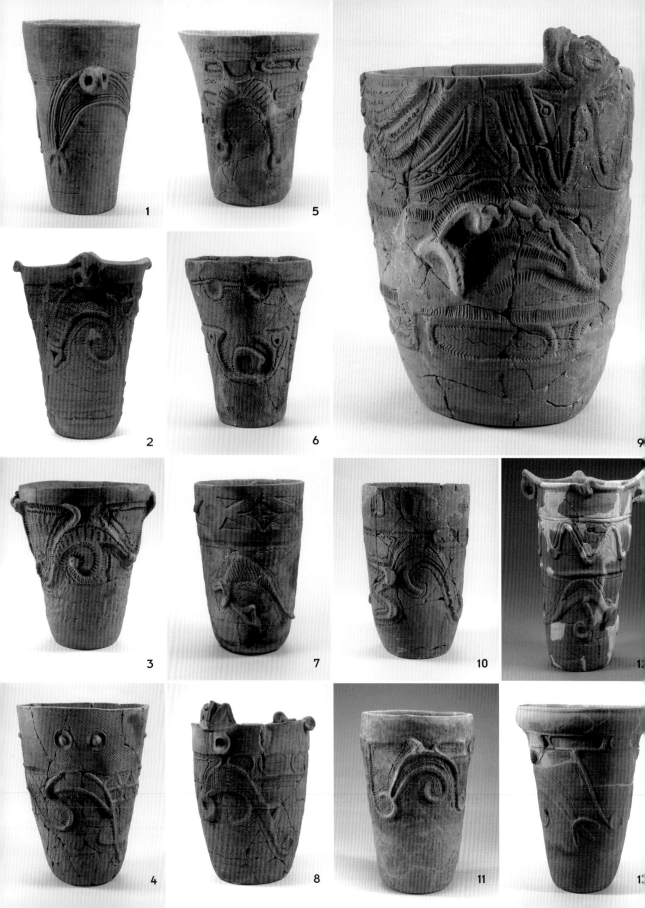

14　　　　　　　15　　　　　　16

「生き物」土器ばかりです。八ヶ岳南西麓の狭い地域から集中して出土しています。
何か地域共通のシンボルや物語を、この生き物に託し、文様としたのでしょうか。

17

1. 土器：長野県比丘尼原遺跡　中
2. 土器：東京都御嶽堂遺跡　中
3. 土器：山梨県石之坪遺跡　中
4. 土器：山梨県石之坪遺跡　中
5. 土器◎：山梨県釈迦堂遺跡　中
6. 土器：山梨県原町農業高校前遺跡　中
7. 土器：山梨県寺所第2遺跡　中
8. 土器：山梨県石原田北遺跡　中
9. 土器：山梨県石之坪遺跡　中
10. 土器：山梨県石之坪遺跡　中
11. 土器◎：長野県藤内遺跡　中
12. 土器：山梨県海道前C遺跡　中
13. 土器：山梨県柳田遺跡　中
14. 土器：長野県比丘尼原遺跡　中
15. 土器：山梨県石之坪遺跡　中
16. 土器：長野県大石遺跡　中
17. 土器：山梨県大木戸遺跡　中

縄文人は自らの姿も貼り付けて文様にしています。

1：向き合う人体は、お尻の大小が男女を分けているのかもしれません。パッドのような肩を包むふくらみと、背中を等分にして垂直に下りる線、これがいくつかの土器に見られる特徴で、広い地域に見られる文様です。

2：21ページ3の土偶の展開写真です。乳児の土偶を貼り付け、抱くとも、背負うとも見ることができる土偶ですが、展開すると乳児の反対側で一方の手が腹部に置かれています。背負っている腕の曲線の文様、左右対称の文様が施されている乳児の胴部、見事な造形です。土器にはない繊細な人体の表現です。

1. 土器：山梨県寺所第2遺跡　中
2. 土偶：石川県上山田貝塚　中

155

1、2、3は152ページ1と同じで、肩パッドと垂直線の入る人体が見られます。そして4、5には人ともカエルともつかない足を持つ文様が描かれています。

1-5

1. 土器：山梨県寺所第2遺跡　中
2. 土器：長野県比丘尼原遺跡　中
3. 土器：東京都南養寺遺跡　中
4. 土器：◎山梨県釈迦堂遺跡　中
5. 土器：山梨県石原田北遺跡　中

人体を簡略化したり記号化しないで、そのまま文様としている土器です。女性の胸は一部欠損していますが、性器で男女を表している珍しい土器です。胴部にはススが付着し、煮炊きに使われた痕跡が残っています。

土器：新潟県井の上遺跡　後

1

文様を精緻に描き、技巧を極めている土器です。
1：カエルか人体かといった文様の周りが、記号めいた文様で埋め尽くされています。
2：肩パッドと背中の線、そして両腕を抽象化して文様に溶け込ませています。
3：肩パッド形の人体をさらに抽象化した姿の土器です。こうして文様はパターン化していき、メッセージが稀薄になっていくのかもしれません。

1. 土器：神奈川県大日野原遺跡　中
2. 土器◎：長野県藤内遺跡　中
3. 土器：埼玉県北塚屋遺跡　中

159ページ2の土器の展開写真です。

土器◎：長野県藤内遺跡　中

これらの土器は顔面把手付土器とか人面装飾付土器とか呼ばれます。土器の縁に土偶と共通する女性と思われる大きな人面を付け、土器全体を女神の体としているように感じさせる土器です。

1：外側に人面が付いていますが、実は内側にも大きな目を持ち、双眼とも双環とも呼ばれる面貌なのです。

2：内側に顔が付いています。このうつむきの顔を持つ土器の方が圧倒的に多いのです。

この器形の土器で煮沸すると、熱湯が循環して、あたかも人面の口から食べ物を出しているようにも見えます。神秘的な姿を見せる土器です。

2

1. 土器 ◎：長野県海戸遺跡　中
2. 土器：山梨県竹宇1遺跡　中

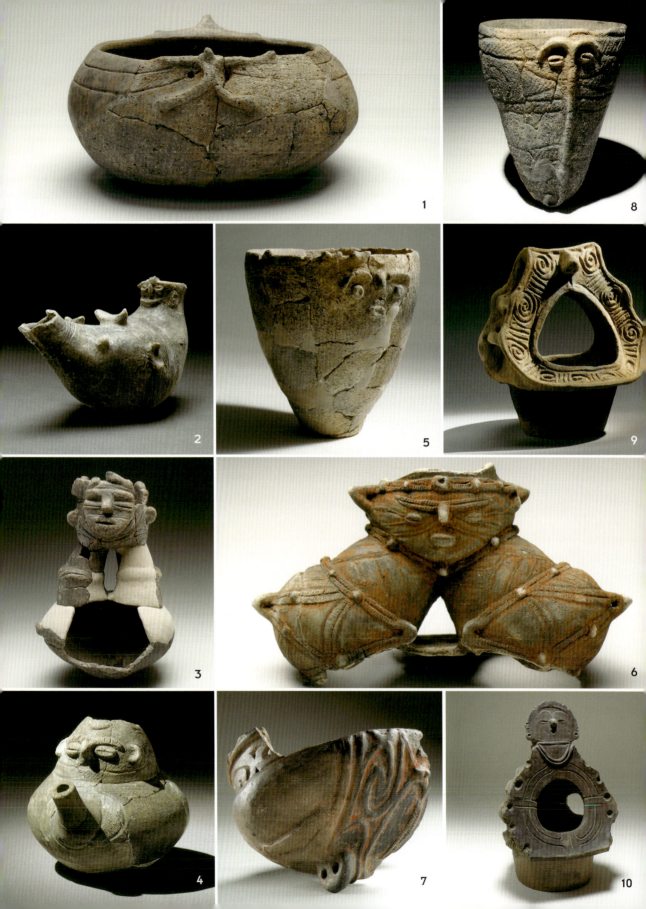

11

13

人体も顔面もデザインとして取り込んだ土器です。これまでの人体文様の土器とは違い、文様として静かに見ることができるような物を集めました。濃密な人体文様が姿を消しています。

12

14

15

1. 土器：長野県円光坊遺跡　晩
2. 土器◎：新潟県元屋敷遺跡　後
3. 土器：秋田県堀ノ内遺跡　晩
4. 土器：埼玉県赤城遺跡　晩
5. 土器：埼玉県赤城遺跡　晩
6. 土器：山形県宮の前遺跡　後
7. 土器：青森県五月女萢遺跡　晩
8. 土器：長野県円光坊遺跡　晩
9. 土器：長野県宮平遺跡　中
10. 土器◎：長野県御殿場遺跡　中
11. 土器：長野県石神遺跡　後
12. 土器：山梨県坂井遺跡　中
13. 土器：埼玉県長竹遺跡　晩
14. 土器：埼玉県長竹遺跡Ⅳ　晩
15. 土器：栃木県坊山遺跡　中

1

人体をひとつだけ使った土器もあります。
1：胴部に施された太い帯と同じ技法と意匠を使って人体を描き、それが文様と一体となって胴部に溶け込み、静かな人体文様となっています。
2：リアリティのある人体文様をつけた類例のない土器です。小枝を突き刺したような穴、手のひらを凹ませるような表現は同じ時期の土偶と共通です。
文様に土偶がそのまま使われると、土器にメッセージが滲むようです。

1. 土器：福島県和台遺跡　中
2. 土器：岩手県けや木の平団地遺跡　後

169

土偶が貼られたもの、背筋のある人体文様に背後を向く顔を付けたもの、踊る姿、カエルもどきの人体文様、どれも口の部分に穴を規則的に開け、特別な目的をもった土器と思われます。フチをめぐる鍔（つば）と規則的な穴は、皮などを張って留めるホゾ穴ともいわれています。このことからこの土器は、1.蓋張りの酒造具、2.太鼓、という考え方があります。
いずれの土器からも語りかける縄文人の声が大きく聞こえ、メッセージが込められていることは明らかです。

1. 土器：長野県大野遺跡　中
2. 土器：長野県久保上ノ平遺跡　中
3. 土器：東京都野塩前原遺跡　中
4. 土器◎：長野県藤内遺跡　中
5. 土器：神奈川県林王子遺跡　中
6. 土器◎：山梨県鋳物師屋遺跡　中

6

1

1：濃密、濃厚、官能といった趣の土器です。
人面が内側に向けられ、対向には縄文人が別格に扱うヘビの文様が置かれ重なり合います。向き合った男女の姿とも解釈される土器です。
2：下部にある穴を女性器とし、乳房を付け、円筒がそのまま女性像となっています。
いずれも、官能的と思える表現を混ぜて女性像を作り込んだ土器は、生命を宿し育む女性への讃歌といえるかもしれません。

1.土器：長野県榎垣外遺跡　中
2.土器 ◎：群馬県千網谷戸遺跡　後

1

6 ひとがた
土偶、岩偶に託したもの

1. 土偶：山梨県後田遺跡　後
2. 土偶：埼玉県小林八束遺跡　晩

集落の中央部の穴から、ほぼ完全な姿で見つかった高さ27cmの土偶です。
小さな乳房と、子を宿したお腹、そして豊艶を超越した大いなるお尻です。多くの土偶が、壊されたように断片に分かれて出土しますが、この完形で出土した姿には縄文人をして、手をかけさせない力、オーラを持っていたと納得してしまうような土偶です。縄文人の思いが昇華したような豊饒のビーナスです。

土偶●：長野県棚畑遺跡　中

177

工場生産された身辺の人形にさえ人格めいたものを感じることがあるのですから、土偶はそれぞれ、まるで縄文人のように語りかけてきます。

1：耳、口も省略し、乳房さえも作らない簡明な姿の高さ24㎝の土偶です。アスファルトを埋め込んだ目は類例のない表現です。手足がそれぞれ同じところで割れています。意図した壊し方とも考えられています。

2：背丈が30㎝近い大型土偶です。胴部の破損で二分されていますが、アスファルトで接合した跡があります。167ページの人体文様と同じ頃に見られる表現が使われています。

1. 土偶：秋田県塚ノ下遺跡　後
2. 土偶：岩手県長倉I遺跡　後

大きな土偶がある一方、数cmの小さな土偶も出土します。
粘土で焼いた土偶、骨や石に手を加えた骨偶（角偶）・岩偶、どれも8cmにも満たない大きさです。
5、10には穴が開けられ、紐（ひも）を使って身に着けたことも考えられますが、土偶3、シカの角を使った11の角偶とも4cmに満たないもので、特別な使用方法があったとも考えられます。
2の土偶も小さいながら、あのビーナスのお尻があります。また12の土偶は1万3000年前の縄文最古級のもので、手足を作らず、頭と胸だけの女性像。土偶は誕生の時から女性像だったのです。
6：愛媛県の山中の岩陰から人骨を含む縄文時代の初めの頃の遺跡が発掘され、線刻された石が13点出土しました。蓑、髪などとも思える線刻がなされていましたが、これは髪と思われる線刻の礫（れき）です。

1. 岩偶：北海道栄浜I遺跡　前
2. 土偶：新潟県長峰遺跡　中
3. 土偶：岩手県山井遺跡　晩
4. 土偶：出土地不明　晩
5. 岩偶：大＝北海道七丁目沢2遺跡　晩
　　　：小＝北海道萩ヶ岡遺跡
6. 岩偶：愛媛県上黒岩岩陰遺跡　創
7. 土偶：岩手県山井遺跡　晩
8. 土偶：青森県野口貝塚　後
9. 土偶：北海道高砂貝塚　晩
10. 角偶：北海道戸井貝塚　後
11. 角偶：宮城県沼津貝塚　晩
12. 土偶：三重県粥見井尻遺跡　創
13. 土偶：岩手県豊岡遺跡　晩

たくさんの土偶が発掘されましたが、手足が長く、細い造りの土偶は珍しいものです。
そして2、5、6も写実的な造形です。人類学では縄文人は四角い顔で、目は大きく二重、眉は濃く、鼻も高くがっしりとしており、唇は厚いとされています。
3、4、7：省略しながら作り、端整な仏像のような雰囲気を醸し出した表情です。
T字やY字状に眉と鼻を連続させた線をもとに、顔の造形をするようです。

1. 土偶：東京都東谷戸遺跡　後
2. 土偶◯：福島県荒屋敷遺跡　晩
3. 土偶：富山県朝日貝塚　後
4. 土偶：福島県西方前遺跡　後
5. 土偶：青森県宮田遺跡　晩
6. 土偶：秋田県虫内Ⅰ遺跡　後
7. 土偶：新潟県吉野屋遺跡　中

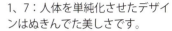

1、7：人体を単純化させたデザインはぬきんでた美しさです。
2：193ページ2のような岩偶をまねた土偶です。
3：鼻筋を顔の輪郭まで延長させて作り、ハート形になった頭部をもつ土偶で、新潟、福島に広がっています。
4：省略と誇張が融合したような顔ですが、耳飾りの穴だけは開けられています。
5：そろばん玉のような形ですが、目や眉がある土偶の頭部です。
6：縄文時代前半の関東地方に見られた土偶と似ていて、土偶とも三角形土版とも考えられている土製品です。火焔型土器の作られていた時期と地域で出土し、土器に貼り付けられている例もあります。

1. 土偶：北海道札苅遺跡　晩
2. 土偶：岩手県豊岡遺跡　晩
3. 土偶：福島県荒屋敷遺跡　後
4. 土偶：岩手県中沢浜出土　後
5. 土偶：新潟県吉野屋遺跡　中
6. 土偶：新潟県野首遺跡　中
7. 土偶：北海道札苅遺跡　晩

土偶が胴部、頭部などバラバラになって発掘されることから、故意に壊していたとする考察があります。
土偶は折れたり割れやすい箇所から壊れていることが多く、故意かどうかで意見が分かれます。
1の土偶は墓穴の中に、頭がもがれ、後頭部を上にして胴部と逆に並べて置かれていました。この後頭部の星型の孔は焼きあげる前の粘土を切り拡げて開けられたものです。
2、3は遮光器土偶と呼ばれる共通の表現が見られます。出土地によって違いはありますが、目の表現、胸から下腹部へ下がるＶ字のラインなどがそれです。1の土偶にもあるこの特徴は縄文時代終わりの土偶に多く見られます。

1. 土偶：秋田県杉沢台遺跡　晩
2. 土偶：秋田県星宮遺跡　晩
3. 土偶◎：青森県二枚橋2遺跡　晩

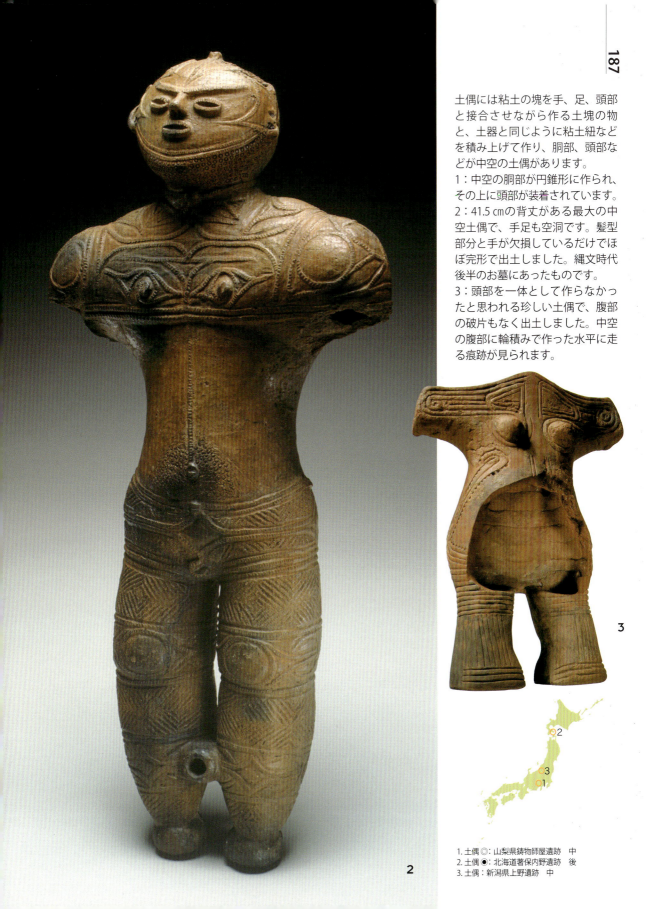

土偶には粘土の塊を手、足、頭部と接合させながら作る土塊の物と、土器と同じように粘土紐などを積み上げて作り、胴部、頭部などが中空の土偶があります。

1：中空の胴部が円錐形に作られ、その上に頭部が装着されています。

2：41.5㎝の背丈がある最大の中空土偶で、手足も空洞です。髪型部分と手が欠損しているだけでほぼ完形で出土しました。縄文時代後半のお墓にあったものです。

3：頭部を一体として作らなかったと思われる珍しい土偶で、腹部の破片もなく出土しました。中空の腹部に輪積みで作った水平に走る痕跡が見られます。

1. 土偶 ◎：山梨県鋳物師屋遺跡　中
2. 土偶 ●：北海道著保内野遺跡　後
3. 土偶：新潟県上野遺跡　中

全国では2万点以上の土偶が出土しています。そのごく一部、各地の土偶を集めてあります。
12、13は中空の土偶です。

1. 土偶：千葉県内野第1遺跡　後
2. 土偶：山梨県中谷遺跡　晩
3. 土偶◎：鹿児島県上野原遺跡　早
4. 土偶：岩手県上斗内III遺跡　後
5. 土偶◎：新潟県元屋敷遺跡　後
6. 土偶：栃木県九石古宿遺跡　後
7. 土偶：岩手県野沢IV遺跡　晩
8. 土偶：北海道鳥崎遺跡　晩
9. 土偶：北海道ウサクマイA遺跡　晩
10. 土偶：秋田県漆下遺跡　後
11. 土偶：岩手県長倉I遺跡　後
12. 土偶：秋田県向様田A遺跡　晩
13. 土偶：青森県土井I号遺跡　晩
14. 土偶：鹿児島県上加世田遺跡　後
15. 土偶：新潟県籠峰遺跡　晩
16. 土偶◎：青森県二枚橋2遺跡　晩
17. 土偶◎：青森県三内丸山遺跡　中

1

岩偶と土偶、欠損がほとんどない完全な形のものです。
1：多くの岩偶が軟らかい曲線で構成された文様と姿を見せます。腰から下の構成は遮光器土偶のそれに近いものがあります。
2：ここまで完全に赤彩された姿を残す土偶はほかにありません。赤色が断片的に残る土偶は多々ありますが、全身に塗られていたかどうか定かではありません。
この目と口を円で表現するミミズクのような顔の土偶は、縄文時代終わり頃に関東地方に現れたものです。

1. 岩偶：青森県観音林遺跡　晩
2. 土偶◎：埼玉県後谷遺跡　後

1

1：豊饒を願う姿に美しさを添えた土偶です。これほど足の長い土偶はありません。お尻にはあのビーナスのラインがありますが控えめで、長い足と、背筋が強調された背中を結合させた見事な土偶です。縄文時代中頃には土偶に顔が付き始めますが、これはまだ顔を付けていない頃のものです。重さ1.5kg、高さ45cmのずば抜けて大きい土偶です。

2：豊饒、多産の願いを託するに十分な豊満な岩偶です。アスファルトが胴部の接合に使われた痕を持ち、下半身の造形には遮光器土偶の影響があります（185ページ2参照）。

1.土偶：山形県西ノ前遺跡　中
2.岩偶：秋田県向様田A遺跡　晩

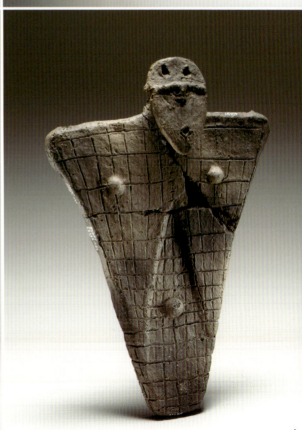

すべて胴部を板状にした東北地方の土偶、岩偶です。
1：十字型の土偶で東北地方北部に数多く見られます。三内丸山遺跡の土偶はほとんどこの十字の姿です。
2、4：鼻筋を顔の輪郭に回しているハート形の顔の仲間と考えられる土偶です。2の両肩には上から下にハの字のように穴が開けられ、紐（ひも）を通して保持できるようになっています。
3：顔を表現し始めた中頃の時期の土偶で、手足も控えめです。
5：縄文時代初め頃の岩偶で、高さ23cmもある大型のものです。口だけが丸い穴で表されています。

1. 土偶：青森県三内丸山遺跡　中
2. 土偶◎：青森県有戸鳥井平遺跡　後
3. 土偶：岩手県塩ヶ森I遺跡　前〜中
4. 土偶：秋田県伊勢堂岱遺跡　後
5. 岩偶：秋田県提鍋遺跡　前

5

6

縄文人が意図して土偶に表情を作っていたかどうかはわかりません。ただ、その心根を伝えるような、喜怒の表情に見えるものもあります。
1：これだけが岩偶です。
2：入れ墨が頬にあります。大きな耳飾りを付けた土偶5、首飾りを幾重にも付けたような土偶6にも、みな笑みが浮かんでいます。

7

9

8

1. 岩偶：秋田県白坂遺跡　晩
2. 土偶：岐阜県門端遺跡　中
3. 土偶：新潟県野首遺跡　後
4. 土偶：北海道札苅遺跡　晩
5. 土偶：山梨県金生遺跡　後
6. 土偶：栃木県荻ノ平遺跡　後
7. 土偶：山梨県向原遺跡　中
8. 土偶：長野県桜井戸遺跡　後
9. 土偶：長野県石行遺跡　晩

7 祭り・祈りの広場
石の祭具 石の広場

1. 土面 ◎：岩手県蒔前遺跡　晩
2. 環状列石：長野県上原遺跡　前

1：鼻、口、耳の土製品です。いずれもヒモが通る穴が開けられ、編布や革で作るお面の部品として使われたものとも考えられます。
2：紐穴もなく、貴石などをはめ込んでいたとも考えられる穴の目をもち、土面かどうか、その目的、使い方など、議論のある出土品です。
3：1の鼻や口の土製品を使った仮面をつけた土偶の頭部です。23㎝の頭部だけが出土していますが、全身の大きさは1m以上の巨大な土偶だったと想定されます。

1. 土製品 ◎：岩手県八天遺跡　晩
2. 土面：埼玉県発戸出土　晩
3. 土偶 ◎：岩手県蒔内遺跡　後

1：仮面を付けた土偶の頭。
2：墓穴と思われる場所から出土した、デスマスクのような土製品です。縄文時代前半の出土品で、類例のないものです。
3：1ヵ所の遺跡から19点出土した中の7点の土面です。あんパンより小さなものばかりですが、額に土面をつけた集団もいたのでしょう。
4：仮面をつけた縄文人の姿がわかる土偶です。

1．土偶：北海道堀株村出土　後
2．土製品◎：千葉県南羽鳥中峠1遺跡　前
3．土面◎：青森県二枚橋2遺跡　晩
4．土偶：長野県赤岩新屋遺跡　後

女性像とされる土偶は、安産、豊饒を願う日常生活の祈りごとの対象といった存在です。一方、男性を表現するものとして、男根そのままの姿を含め、大小さまざまな石で作られた石棒が出土します。そして、土偶と同じように割れたものも多いのです。

直立に近い姿で発掘されることや、大きなものが祭りの場と思われるようなところから出土することから、天空に向かい立ち、祭りのシンボルとなっていたに違いありません。

1：遺跡から発掘された石棒では最大のもので、直径18cm、長さが184cmあります。両端部と、焼け焦げて砕けた石片1800余が出土し、それらを接合して復元された石棒です。この石棒は火にかけられ、水などで急激に冷やされ壊れたことが推測されます。赤熱された石棒・男根に水をかける、縄文の祭りかもしれません。

2：縄文人の住居のある日常生活地域からは、このように大小さまざまな石棒も出土しています。

3：木製のトーテムポールとも木偶とも考えられるもので、65.5cmあります。

4：1のような石棒の先端部とも考えられる姿で、装飾部が4面体になっています。

5：優美な装飾がある石棒の代表格です。

6：発掘調査によるものではありませんが、最大級の石棒で直径25cm、長さ223cmあります。縄文集落跡から見下ろす河川の中から出てきたものです。

1. 土器・石器・石製品：東京都忠生遺跡　中
2. 石製品：新潟県野首遺跡　中
3. 木製品◎：岩手県萪内遺跡　後〜晩
4. 石製品：神奈川県恩名沖原遺跡　中
5. 石製品：新潟県芋川原遺跡　中
6. 石製品：長野県佐久穂町出土　中

1-1

2

3

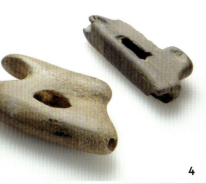
4

1-2

5

6

7

1-1：祭りの主役と思われるような仮面をつけた、高さが34㎝もある完形の大型土偶です。こんな姿の縄文人たちの祭りで祭具として使われたかもしれない、音を出す出土品もあります。
1-2：土偶の側面で、ベルトの付いた仮面を頭に着けていることがよくわかります。
2：ヒスイに縦に穴を開け、笛にした石製品。
3：土鈴です。鳴子の土玉を入れたまま焼いています。
4：石を削り、指穴を調整したような笛。
5、7：琴のように弦を張れば、音を出すことができる木製品。
6：シカの角を加工して作った腰飾りと思われますが、笛の機能もありそうです。

1. 土偶◉：長野県中ッ原遺跡　後
2. 石製品：山梨県古林第4遺跡　中
3. 土製品◎：山梨県酒呑場遺跡　中
4. 石製品：岩手県湯沢遺跡　中
5. 木製品：青森県岩渡小谷遺跡　前
6. 骨製品：青森県二ツ森貝塚　前
7. 木製品：北海道忍路土場遺跡　晩

1

1：水銀朱の精製跡がある西日本有数の縄文遺跡から出土した土面。顔面の大半が細い丸棒を刺して作った穴で埋められています。
2：墓のわきから出土して、木柱の墓標にくくりつけられていたと見られる土面で、紐穴もしっかり備えられています。出土した墓は、土面の持ち主のものかもしれません。

1. 土面 ◎：徳島県矢野遺跡　晩
2. 土面 ◎：北海道ママチ遺跡　晩

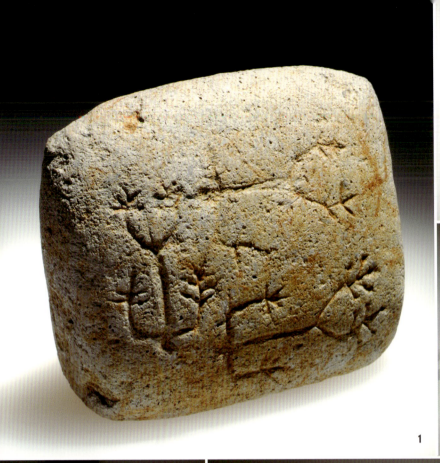

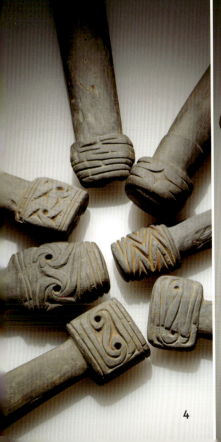
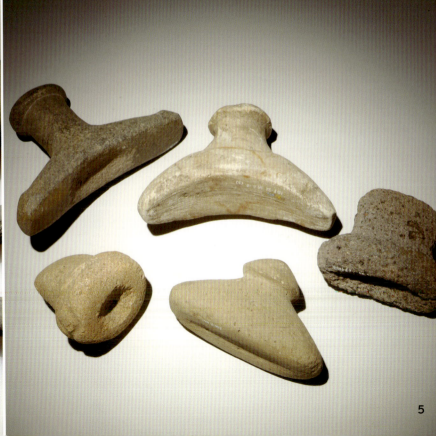

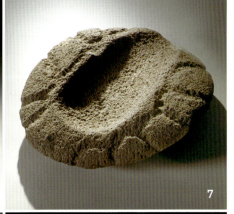

生活用品とは別格の細工、意匠が施された石剣、石皿、さらに使用方法と目的が不明の祭具めいた石製品がたくさんあります。

1：頭部がはっきりしませんが、土偶のように手を下げた人体が3体彫られている石です。
2：密教呪具の独鈷（どっこ）に似ていることから独鈷石と呼ばれているものです。
3、4、6、10、11：石剣、石棒と呼ばれるもの。明らかに男根の意匠が見てとれます。この中には亀頭をリアルに表現したものもあるほか、顔が付いているものがあります。割れた状態で出土するものが多く、焼け割れた物もあります。
5：石冠と呼ばれるもの。ここにあるものは両性具有の表現とも言われています。
7：石皿は石臼と同じく木の実などの粉砕用と見られますが、時には石棒の先端が石皿に向けられ出土することもあります。
8：御物石器と呼ばれ、用途のわからないものです。
9：石製の匕首（あいくち）で、縄文時代の前半にしか見られません。
10：断面が矩形（くけい）で目の表現を持つ珍しい石棒。
11：くびれた姿で、先端断面が皿状に加工されている大型の石棒。

1. 石製品：青森県近野遺跡　後
2. 石製品：出土地不明　晩
3. 石製品：新潟県籠峰遺跡　後〜晩
4. 石製品◎：青森県二枚橋2遺跡　晩
5. 石製品：新潟県正面ヶ原遺跡　晩
6. 石製品：岩手県矢作町出土　晩
7. 石器：新潟県屋敷の平遺跡　中
8. 石器：岐阜県久野川遺跡　晩
9. 石器：伝栃木県出土　前
10. 石製品：新潟県馬高遺跡　中
11. 石製品：新潟県六反田南遺跡　中

遺跡には居住の場とは異なった空間も現れます。集団でなくては造れない規模の造営物もあります。石を並べた直径40m余の大きな円形の広場が130m離れて2つ造られています。ストーンサークル、環状列石と呼ばれる縄文人の構築物です。ここ大湯遺跡では8kmも離れた川原から石が運ばれ、環状に石の列が広場を囲み、その中に石柱を中心に川石を放射状に置いた石組みがいくつか点在しています。

全国には大小さまざまな石を並べた縄文人の構築物が見つかっています。また、住居の近くに、竪穴住居跡を利用したようなものから、直径10m程度の円形の石組みなども造られています。

特別史跡：秋田県大湯環状列石

1

縄文人が、子宝、安産、豊饒、鎮魂などといった日常の祈りを込めて土偶を作っていたとすると、集団で石を運び大きな広場を造り、石棒、石柱を置き、そこで天空に念じていたものは、大自然への畏敬や畏怖を込めた祈りだったのかもしれません。

1.土偶：長野県坂上遺跡　中
2.土偶：山梨県桂野遺跡　中
3.土偶：新潟県ツベタ遺跡　中

217

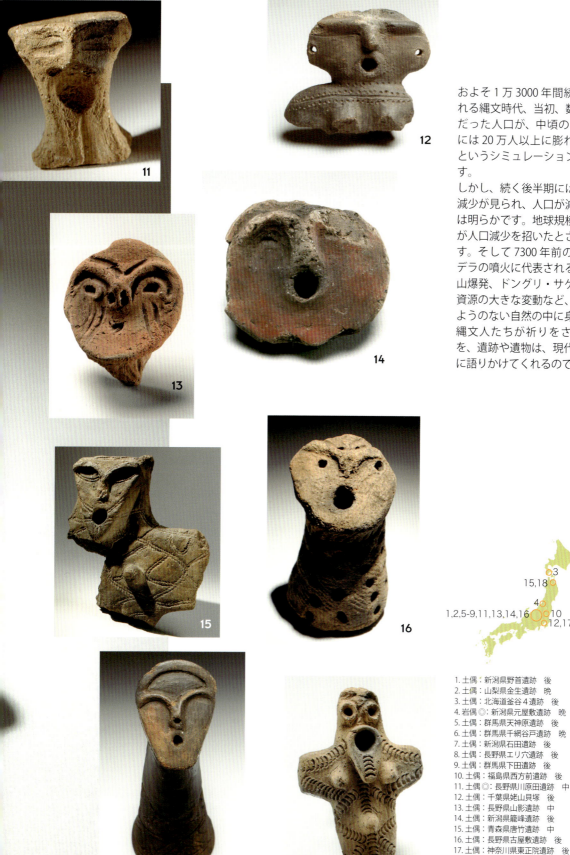

およそ1万3000年間続いたとされる縄文時代、当初、数万人程度だった人口が、中頃の5000年前には20万人以上に膨れ上がったというシミュレーションがあります。

しかし、続く後半期には遺跡数の減少が見られ、人口が減ったことは明らかです。地球規模の寒冷化が人口減少を招いたとされています。そして7300年前の鬼界カルデラの噴火に代表される大小の火山爆発、ドングリ・サケなど食糧資源の大きな変動など、あらがいようのない自然の中に身をおいた縄文人たちが祈りをささげた姿を、遺跡や遺物は、現代の私たちに語りかけてくれるのです。

1. 土偶：新潟県野首遺跡　後
2. 土偶：山梨県金生遺跡　晩
3. 土偶：北海道釜谷4遺跡　後
4. 岩偶◎：新潟県元屋敷遺跡　晩
5. 土偶：群馬県天神原遺跡　後
6. 土偶：群馬県千網谷戸遺跡　晩
7. 土偶：新潟県石田遺跡　後
8. 土偶：長野県エリ穴遺跡　後
9. 土偶：群馬県下田遺跡　後
10. 土偶：福島県西方前遺跡　後
11. 土偶◎：長野県川原田遺跡　中
12. 土偶：千葉県姥山貝塚　後
13. 土偶：長野県山影遺跡　中
14. 土偶：新潟県籠峰遺跡　後
15. 土偶：青森県唐竹遺跡　中
16. 土偶：長野県古屋敷遺跡　後
17. 土偶：神奈川県東正院遺跡　後
18. 土偶◎：青森県三内丸山遺跡　中

1万年以上にわたる縄文人の歩みは、大陸からやってきた渡来人と融合を始めました。野に獣を追い、ドングリなどを拾い集める狩りと採集の生活に稲作が加わり、日本列島をゆっくり広がり始めたのです。

1：直径35m余の環状列石です。1km離れた河原から運ばれた602個の石が縄文人の広場を作っています。縦に走る土盛りは発掘せず研究のため残しておく土層です。現在この広場は凍結、風化から遺跡を保護するため、埋め戻されています。

2：粘土版に足跡をつけ焼き上げたもの、手形もありますが、ほとんどが子供の手足の跡です。

1. 環状列石（史跡）：北海道鷲ノ木遺跡　後
2. 土製品：北海道垣ノ島A遺跡　早

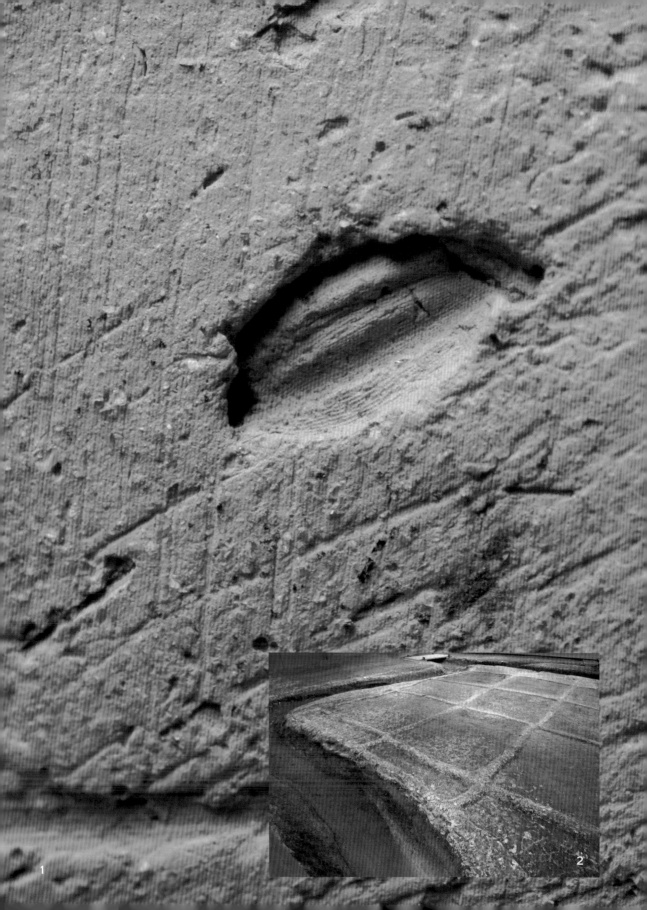

221

終章 狩猟採集から農耕へ
稲作の集落 そして王権の誕生

　１万年以上、狩りや漁、植物採集、垣間見られた植物栽培で生きてきた縄文人も、大陸からの渡来人がもたらした稲作を始めます。"食糧獲得"から"食糧生産"への転換が始まり、稲作は九州北部から東日本へとゆっくり広がっていきます。弥生時代の始まりです。

1：東日本への稲作の拡がりを示す１粒のモミ痕、1900年前の弥生土器についていました。
2：津軽平野で発見された弥生時代の水田。寒冷な本州北端で2000年前に始まった稲作は200年続いて姿を消し、稲作が復活したのは1000年前の平安時代と言われています。
3：用途、機能に応じて簡素に作られている弥生土器では最大の人面付壺で、骨壺とみられています。
弥生土器は縄文土器に比べ薄く、硬く焼かれ、文様、装飾もシンプルに施されています。

3

1. 土器：栃木県横倉遺跡
2. 水田（史跡）：青森県垂柳遺跡
3. 土器 ◎：茨城県泉坂下遺跡

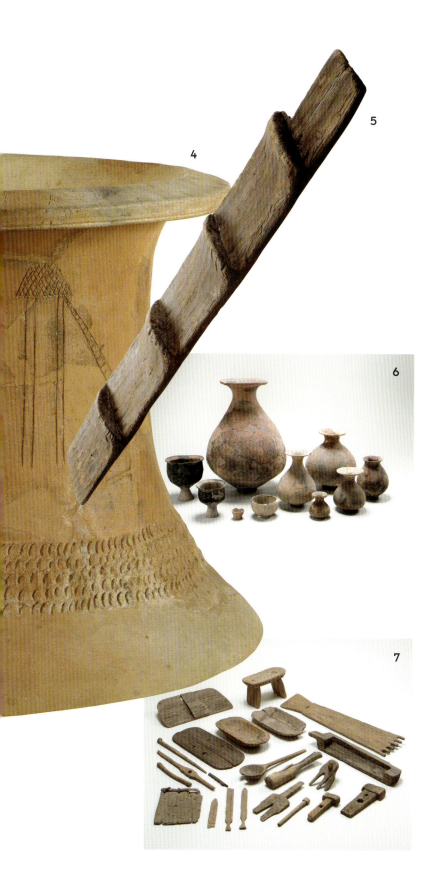

1：水田跡と集落跡が発見された登呂遺跡。弥生時代後半の遺跡の復元住居と高床建物です。
この時代、他に集落を堀で囲んだ環濠集落も現れ、略奪、紛争など武力による衝突が起きたことがわかります。
2：渡来人は稲作と金属器をもたらしました。青銅と鉄です。
青銅は祭器と武器として使用され、この鐘のような祭器は銅鐸（どうたく）と呼ばれ、各地で鋳型が見つかり国内で鋳造されていたことがわかります。
この銅鐸には△頭の女性がコメをつく情景が描かれています。○頭が男で、他の区画の狩猟に登場します。
3：銅矛（どうほこ）。武力の象徴として祭器に使われたと思われます。
4：大型壺の口の周囲に1の高床建物がハシゴと一緒に描かれ、左には2のような銅鐸が吊るされた姿が描かれています。
5：登呂遺跡ではハシゴも出土しています。
6：弥生土器です。用途が容易に想像できるものばかりです。
7：多様な木製品の中には農具などが見られます。

1. 復元住居：静岡県登呂遺跡
2-1. 金属器●：兵庫県桜ヶ丘遺跡
2-2. 同　部分
3. 金属器○：福岡県重留遺跡
4. 土器○：鳥取県稲吉角田遺跡
5. はしご○：静岡県登呂遺跡
6. 土器○：静岡県登呂遺跡
7. 木製品○：静岡県登呂遺跡

弥生時代、倭（わ）と呼ばれた日本で、戦乱のごとく争いを続けていた大小の集落は、やがて統合を重ね、王権誕生へと向かいます。この時代、全国に前方後円墳と呼ばれる権力者の王墓は大、小5000もあり、古墳時代と呼ばれています。

1：埴輪には船、家から動物、埋葬されている王以外のすべての職種の男女が形づくられているのではないかと思われるほど多種多様なものが各地で出土しています。この古墳では2種類の機織り機まで出土し、当時の生活を知ることができます。

2：東日本最大級の前方後円墳、長野県の森将軍塚古墳。1600年前に造られた時のように石が葺（ふ）かれ、数多くの素焼きの埴輪を並べ復元されています。

3：埋葬者と古墳に納められた副葬品の鉄製の兜と鎧。鉄は武力、力の源となったのです。

4：盾持ち人の埴輪、埋葬された人物を守り、威嚇するような姿です。

5：列島最古の文字資料、埼玉県稲荷山古墳の鉄剣。115字からなる金象嵌（きんぞうがん）の銘文が表裏にあります。

表には冒頭、辛亥年とあり西暦471年と見られ、雄略天皇とも考えられる大王の名前があります。

1. 埴輪 ◯：栃木県甲塚古墳
2. 古墳　：長野県森将軍塚古墳
3. 兜・鎧 ◯：兵庫県茶すり山古墳
4. 埴輪　：群馬県保渡田八幡塚古墳
5. 鉄剣 ●：埼玉県稲荷山古墳

新潟県吉野屋遺跡

縄文の幕があけるまで
堤 隆

　現在、地球上に生きているただ一種類の人類、すなわち私たち自身を学名でホモ・サピエンスといいます。「知恵ある人間」という意味のラテン語です。人類が誕生してから700万年という悠久の時間が過ぎましたが、その間、20種以上の人類が現れては消え、たった一種だけ生き残ったのがわれわれホモ・サピエンスなのです。

　いまから約20万年前、アフリカの地に誕生したホモ・サピエンスは、やがて新天地を求めて旅立ち、地球上のさまざまな地域へと広がっていきました。この勇気ある行動は「偉大なる旅（グレート・ジャーニー）」と呼ばれています。

　ある集団は、2万年前までにはシベリアを越えて、ベーリング海峡を渡り、アメリカ大陸へと足を踏み入れ、アメリカ先住民となりました。また、他の集団は、約5万年前にオーストラリアに入り、アボリジニとなりました。太平洋を渡り、ハワイに入ったのはかなり後、約1500年前の出来事だと考えられています。

　では、日本列島にホモ・サピエンスがたどり着いたのはいつのことだったのでしょうか。それは、いくつかの遺跡の年代測定などから、およそ4万年前、後期旧石器時代初頭のことであったとみられます。

人類が日本列島に渡ってくるルートとしては、シベリア－サハリン（樺太）－北海道－本州といった「北の道」、朝鮮半島－九州－本州という「西の道」、沖縄－九州－本州という「南の道」の三つのルートが考えられますが、4万年前に最初にやってきたホモ・サピエンスは、考古学や人類学の研究から、朝鮮半島から九州に上陸した可能性が高いようです。

　人びとは、列島に足を踏み入れると、黒曜石などの優良な原材料資源を開発して石器を作り、ヤリ先にくくりつけて狩りを行っていました。当初、ヤリ先が向けられたのはナウマンゾウやオオツノジカなどの大型獣だった可能性がありますが、やがてそれらの動物も絶滅の憂き目にあったようです。絶滅の原因は、人間による過剰狩猟（オーバーキル）だとも、気候変動ともいわれていますが、決着はついていません。その暮らしは移動を基本とし、堅牢な竪穴住居を作って定住することはせず、数十kmから100kmほどのエリアをいく度となく移動して獲物を追尾する、いわばキャンプ生活を送っていたようです。

　この頃は、たいへん寒冷な氷河時代で、現在より年平均気温が7〜8℃低かった時期があります。地球温暖化による海面上昇予測とは正反対に、100m以上もの海面低下がみられ、瀬戸内海が陸地化していたこともあったようです。およそ3万年前には、鹿児島湾の姶良（あいら）カルデラが大噴火を起こし、九州南部が火砕流にのまれ、列島に広く火山灰が降りそそぐという大規模な自然災害にも見舞われています。それでも人びとは、たくましくその命脈を保ちつづけました。

　長い旧石器時代が終わり、日本列島に土器が登場するのは、最新の年代測定で約1万6000年前の出来事と考えられます。旧石器時代から縄文時代への移行です。わずかに遅れて、画期的な飛び道具である弓矢も登場しました。弓矢は、旧石器時代のヤリと違い、森の中にすむ敏捷な動物を捕獲するのに絶大な威力を発揮しました。

　一般には、旧石器人に替わり、縄文人が新たにやってきたかのイメージもあるようですが、そこには衝撃的な「交替劇」は存在せず、最初にいた旧石器人たちが、やがて土器や弓矢を持ち、縄文文化の担い手となったというシナリオが描けるようです。

　どのようにして土器が誕生したのかには諸説がありますが、それまであった樹皮の編み籠などをモデルに、粘土による造形と焼成という技術革新がなされ、土器が生み出されたという考えがあります。土器の効用はきわめて大きく、煮沸は食物の消化を助け、かつ殺菌効果をもたらし、煮込みがもたらす調理のバラエティーや味覚の拡大、また貯蔵などにも土器は一役かっていました。縄文人が多用したドングリはアク抜きを必要としたため、土器で煮だすことによってはじめて食べることが可能となりました。ただ、かさばって重い土器は、携帯には不向きなため、その多用は人びとの生活が移動から定住へと移行したことを物語っています。

　長い旧石器時代を経て、やがて縄文時代の幕があけていったのです。

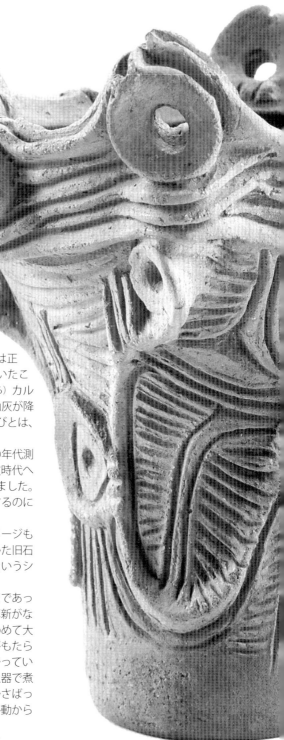

長野県川原田遺跡◎

岐阜県門端遺跡

縄文時代のくらし──日本列島の森、川、海などの大自然の恵みを活用した人びと
小野正文

縄文時代の幕開

　寒冷な氷河期では人びとは動物を追って遊動的生活でした。この時代を旧石器時代と呼びます。その氷河期が終わりを告げる頃、温暖化に伴う植物相、動物相の変化に伴い、列島に住んだ人びとが環境に適応して、土器作り、植物資源の利用、中小型の動物の狩猟を始めた時代を縄文時代と言います。土器による煮炊きによって、食べられる食糧の種類が格段に増え、定住生活が一般化します。なかでも、土器作りは気候変動に先行した可能性があります。

　縄文時代の始まりについては、いくつか議論もありますが、土器の出現をもって縄文時代とし、灌漑（かんがい）型の水田耕作をもって弥生時代とするのが一般的な考えです。縄文時代の時期区分は、草創期1万6000～1万2000年前、早期1万2000～7000年前、前期7000年～5500年前、中期5500～4500年前、後期4500～3300年前、晩期3300～2800年前と6期に区分されています。

縄文人

　縄文人は男性が身長160㎝弱、女性が150㎝弱、顔は短く、鼻は高く、目は大きく、唇は厚く、耳垢は湿っていたと言います。草創期〜前期までは華奢で、中期以降は頑丈な体つきになったようです。衣服は植物繊維を紐（ひも）にして編んだ編布が主で、装身具はピアス、ネックレス、ブレスレット、櫛などがあります。土偶に見られるように髪型は多様で、入れ墨やボディ・ペインティングもあったようです。また、人骨からわかる当時の風俗として、前期以降は抜歯といって犬歯や切歯を抜いた例、また晩期には、切歯をクシ状に削った例（叉状研歯（さじょうけんし））もあります。歯の噛み合わせは上顎切歯（じょうがくせっし）と下顎切歯（かがくせっし）が当たっていて、現代人とは違います。平均寿命は約31歳とかつては言われてきましたが、近年では40歳くらいという研究があります。意外に高齢の骨も出土しているのです。

社会

　縄文人は家族を持ち、集落を形成していました。夫婦と子供たちという単位であったと思われます。数百軒という大集落の発掘例はありますが、一般的な集落の構成は、厳密に見ていくと4軒くらいではないかという研究があります。そうすると、5人家族として4軒で約20人前後の集落となります。このような少人数の集落では、婚姻をはじめとして集落内だけでは社会として完結しないので、彼らは集落どうしのネットワークを持っていました。それは同じ文様を持つ土器の分布や、黒曜石（こくようせき）、サヌカイト、アスファルトなどの流通圏、さらには全国的に展開するヒスイの分布からも明らかです。

土器

　そもそも縄文土器という呼称は、大森貝塚を発掘したエドワード・モースが、土器に施された文様を「縄文」と呼んだことに始まります。縄文時代は1万年以上もありますから、土器の変化は時代と地域によって実に多様です。草創期は無文（文様がない）土器から始まり、粘土紐などで盛り上げた隆起線文、爪もしくは施文具で爪形文のある土器、縄文を多用する土器などが列島各地に見られます。ほとんどが丸底や平底の深鉢形土器です。この深鉢形土器が縄文土器の基本的な形です。次の早期では尖底（せんてい）土器が主流となり、文様は棒に縄を巻いて回転した撚糸文（よりいともん）、棒に楕円や山形などを彫刻して回転した押型文、貝殻の腹縁を押したり引いたりした貝殻沈線文などが流行しました。前期では縄を回転させる方向を変えた文様、右撚りと左撚りを使った羽状縄文や細竹を割った竹管文を持つ土器が出現し、平底の土器が主流となり（尖底が一部残ります）、浅鉢形土器が加わります。中期には、立体的装飾を持つ土器が関東・中部・北陸地方に見られます。火焔型土器が代表的です。また、有孔鍔付土器や釣手土器が加わります。まるで物語を描いたかのような文様が生まれ、土器がもっとも大きくなった時期です。後期では立体的な文様はなくなり、縄文を付ける部分とそうでない部分が併存する磨消縄文土器が目立ちます。注口土器、下部単孔土器、多孔底土器など器種も豊富となります。そして晩期には、西日本では無文化が進み、東北地方北部では工芸品のように洗練された文様の土器となり、壺形土器、香炉形土器、台付鉢形土器、皿形土器などが増えます。これに木胎、樹皮胎、籃胎の漆塗り容器が増えてきます。

石器

　縄文時代の石器のうち、狩猟具には槍と弓矢がありますが、槍先の出土数は少ないのです。ところが、矢の先に装着する石鏃（せきぞく）（骨鏃（こつぞく）もある）は、実に多量に出上します。その形も多様で、おそらく矢柄の材質と関係していると思われます。

　早期から黒曜石製の石匕（せきひ、いしさじ）が出現し、前期からその数は多くなります。近畿地方から関東地方までは、三角形が多いのですが、東北地方では頁岩などを利用した縦型の製品が多く出土します。

　土掘具としては打製石斧（せきふ）があります。すでに南九州では草創期後半から出土しますが、中期に関東・中部地方では爆発的に増加します。また、打製石斧とともに大型の粗製石匕や横刃石器も数多く出土します。打製石斧は西日本へ普及しますが、東・北日本では出土数が少ないのです。ドングリなどを製粉するのは石皿です。多孔質安山岩などの製粉に適した素材を利用しています。これと対になるのが磨石（すりいし）で、中に窪みのあるのを凹石と呼んでいます。また敲打痕（こうだこん）のあるものは敲石（たたきいし）と言います。

　木工具は磨製石斧で定角式と乳房状のものがあります。乳房状磨製石斧は前期から多く出土します。定角式の中には、小型で鑿（のみ）のような機能があったと思われるものがあります。

　漁労具としては銛先に石鏃を付けるものも見られます。また、網の錘（おもり）の石錘と軽石製の浮子（うき）が数多く見られます。

北海道登町5遺跡

土偶

　さて、精神性の高い遺物の代表例は土偶です。草創期には滋賀県と三重県、早期には九州から北海道まで分布が広がります。前期は特定の地域に集中しています。これらの比較的早い時期のものは、顔や手足のない板状のものが主流ですが、乳房があることから、女性像であったことを裏づけています。

　中期は土偶にとって一大変革期です。顔と手足が付いた立像形が出現します。東北地方北部では立像にはなりませんが、顔が明確に表現されます。また、妊娠したお腹に手を当てるもの、お産をするもの、子供を抱くもの、壺を抱えるものが出現します。中部・関東地方に土偶がたくさん出土する集落（遺跡）があります。

　後期には土偶が大量に出土する遺跡は東北地方に移ります。30 cmを超えるような大形土偶もいくつか見られ、なかには1 mを起すと推定されるものもあります。また、合掌するもの、腕組みをするものなど新たな動作をした土偶が現れます。なかにはアスファルトで接合した土偶があり、割った土偶を継続的に使用したものと考えられます。晩期では東北地方北部の遮光器土偶がよく知られていますが、小型粗製の土偶も忘れられない存在です。北海道では後期以降、墓から出土する例が目立ちます。土偶は墓との繋がりが深くなっていったものと思われ、そこに込められた思いも、生産や豊饒への祈りから再生への祈りに移り変わったと思われます。なお土偶に似ていますが、材質が異なる岩偶、角偶などもあります。

採集

　きびしい自然環境の中で、縄文人は多種多様なものを食糧リストに加えました。その数は400種類以上だと言われています。なかでもドングリ類が主食を占めていたと思われます。栄養価があって、多量に採取でき、しかも貯蔵ができるのです。このドングリ類の種類の豊富さと量、サケ・マスなどの定期的・安定的な食糧がある点で東日本は有利であり、それが遺跡数の多さに反映していると思われます。東日本のドングリ類はアク抜きを必要とするものが多く、アク抜きのための水場遺構が数多く出土しています。こうした技術はヒガンバナなどへも応用され、さらに食糧の範囲を広げました。

　遺跡から出土するクリ、クルミの実は縄文時代を通して肥大化しており、管理栽培されていたと考えられます。マメ類、エゴマなどの栽培も始まりましたが、イモ類などは痕跡が残っていません。なお、食糧ではありませんが、漆も管理栽培されていました。

狩猟

　狩猟では弓矢の発明、やや遅れて犬が早期に登場します。日本犬のルーツを探すことも縄文文化を考える上で重要です。また落とし穴とワナも利用されました。シカとイノシシが二大狩猟獣で、土製品や装飾はイノシシが圧倒的に多いのですが、青森県三内丸山遺跡のように、この比重が少ない遺跡もあり、地域によって多様な狩猟生活であったと思われます。なお、北海道や八丈島などでイノシシの骨や土製品が発見されることから、幼獣を飼っていた可能性があります。漁労具では角製・牙製の釣針はもちろんヤス、銛、網があり、外洋へも進出しています。漁労施設としては魞（えり）があります。

気候変動と縄文時代の終幕

　1万年以上にも及ぶ縄文時代には気候変動や自然災害も数多くありました。温暖化に伴い南九州ではいち早く縄文文化が栄えましたが、早期の終わり頃、鹿児島県薩摩硫黄島にある海底火山の鬼界カルデラの大噴火により南九州の遺跡は壊滅し、その影響は西日本全域まで及びました。その後も温暖化が進み、早期から前期にかけては海水面が上昇し、東京湾では栃木県栃木市の藤岡貝塚のあたりまで海進しました。中期の前半の気候は暖かいのですが後半から寒冷化が進んだと言います。またこの頃、前期で見られた大規模な配石遺跡が再び見られます。後期から東北・北海道では環状列石、北海道では環状土籠（かんじょうどり）のような大規模な遺構が作られます。やがて、晩期から弥生時代初頭にかけては寒冷期となりますが、東北地方北部に亀ヶ岡文化が栄え、近畿地方まで影響を及ぼしました。最近沖縄県で土器片が発見され話題になりました。

　この寒冷期に、北九州へ水田耕作と灌漑などの一連の農耕技術を持った人々が渡来したのを契機として弥生時代が始まります。最近の見解では、約2800年前のことです。

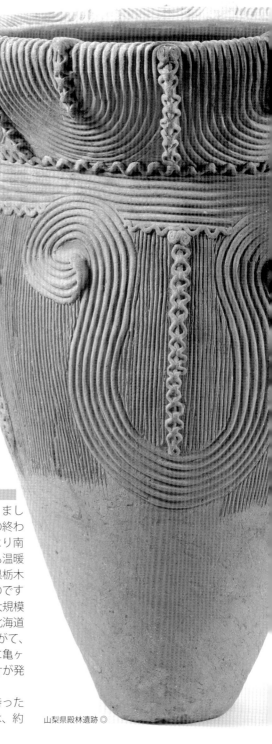

山梨県殿林遺跡◎

北海道白尻C遺跡

青森県野辺地向田35遺跡

埋もれた歴史を掘る
堤 隆

　遺跡は限られた場所にある特別なもの、そんなイメージが一般にはあるようです。しかし、文化庁によると、現在登録されている遺跡は全国で約46万ヵ所もあり、都心のビルの下から原野の中にまで広がっています。そして毎年8000件におよぶ発掘調査が国内で行われているといいます。

　日本は世界でも稀にみるほど発掘調査が多い国ですが、それは文化財保護法によって遺跡がガードされ、開発に先だって遺跡の発掘調査が義務づけられているからにほかなりません。また、新聞の1面に遺跡発掘のニュースが載るのも、一般の関心がきわめて高いからといえるのでしょう。ただ裏を返せば発掘の多さは、開発によって消滅する遺跡の多さを示していることになります。

　大地は正確に時を刻み続けています。縄文の人びとの暮らしだけではなく、その後の大きな災害の記憶も地層に残されています。例えば貞観地震、十和田平安噴火、慶長三陸地震、そして東日本大震災の津波が運んできた地層です。

　今日も国内のいたるところで行われている発掘調査、そのスコップを握っているひとりひとりの手は、はるか旧石器時代から縄文、弥生―古墳、そして現代にいたるまで、私たちがたどってきた道程を明らかにしつつあります。

120cm

新潟県津南町上野スサキ遺跡

東京都真砂町遺跡

青森県五所川原市五月女萢遺跡

地表
2011年　東日本大震災津波層
1611年　慶長三陸地震津波層
915年　十和田平安噴火火山灰層
869年　貞観地震津波層
宮城県高大瀬遺跡

青森県三内丸山遺跡

所蔵先一覧

リスト中の記号は、◎=国指定重要文化財／◉=国宝

頁No.	写真No.	分類		出土地	所蔵
表紙		土版		福島県荒屋敷遺跡	三島町交流センター
2		土偶		岩手県一戸町出土	個人蔵
3		土偶		長野県生妻遺跡	松本市立考古博物館
6-7	1	森の跡		宮城県富沢遺跡	地底の森ミュージアム
	2	臼歯		茨城県花室川出土	産業技術総合研究所 地質情報基盤センター
	3	風景		浮島湿原	北海道
8-9	1	石器		長野県貫ノ木遺跡	長野県立歴史館
	2	骨角器		岩手県花泉遺跡	国立科学博物館古生物研究室
	3	落とし穴		静岡県東野遺跡	静岡県埋蔵文化財センター
	4	石器		長野県日向林B遺跡	長野県立歴史館
	5	石器		長野県矢出川遺跡	八ヶ岳旧石器研究グループ
	6	風景		東京都神津島	
	7	レプリカ			新潟県立歴史博物館
	8	石器		北海道柏台1遺跡	北海道埋蔵文化財センター
	9	石器	◎	北海道旧白滝8遺跡	遠軽町教育委員会
10	1~4	石器	◎	長野県神子柴遺跡	上伊那考古学会
	5	石器	◎	北海道ピリカ遺跡	今金町教育委員会
	6	石器		静岡県富士石遺跡	静岡県埋蔵文化財センター
	7	石器		千葉県上引切遺跡	大網白里市教育委員会
	8	石器		鹿児島県耳取遺跡	鹿児島県埋蔵文化財センター
12-13	1	土偶		北海道美々4遺跡	北海道埋蔵文化財センター
	2	土偶		群馬県天神原遺跡	群馬県立歴史博物館
14-15	1	土偶		岩手県九年橋遺跡	北上市教育委員会
	2	土偶		富山県長山遺跡	富山県埋蔵文化財センター
	3	土偶		秋田県鐙田遺跡	湯沢市教育委員会
16-17	1	土偶	◎	山梨県釈迦堂遺跡	釈迦堂遺跡博物館
	2	土偶		千葉県堀之内貝塚	個人蔵
	3	土偶		茨城県冬木A・B貝塚	五霞町教育委員会
18-19	1	土偶	◎	福島県上岡遺跡	福島市教育委員会
	2	土偶		山梨県影井遺跡	甲州市教育委員会
	3	土偶		岩手県夫婦石袖高野遺跡	岩手県教育委員会
	4	土偶		長野県広畑遺跡	市立岡谷美術考古館
	5	土偶		青森県野面平遺跡	弘前大学
	6	土偶	◎	栃木県藤岡神社遺跡	栃木市教育委員会
	7	土偶		岩手県野沢IV遺跡	滝沢市埋蔵文化財センター
	8	土偶		岩手県山井遺跡	御所野縄文博物館
	9	土偶	◉	青森県風張1遺跡	是川縄文館
	10	土偶	◎	山梨県釈迦堂遺跡	釈迦堂遺跡博物館
	11	土偶	◎	青森県二枚橋2遺跡	むつ市教育委員会
	12	土偶		青森県風張1遺跡	是川縄文館
20-21	1	土偶		東京都宮田遺跡	国立歴史民俗博物館
	2	土器部分		神奈川県当麻出土	相模原市立博物館
	3	土偶		石川県上山田貝塚	かほく市教育委員会
22-23	1	足跡		岩手県莉内遺跡	岩手県教育委員会
	2	土製品		青森県大石平遺跡	青森県立郷土館
	3	土製品		岩手県湯舟沢VIII遺跡	滝沢市埋蔵文化財センター
	4	土製品		北海道蛇内遺跡	木古内町教育委員会
	5	土製品	◎	青森県大平遺跡	青森県立郷土館
	6	土製品	◎	青森県大石平遺跡	青森県立郷土館
	7	土製品	◎	山梨県釈迦堂遺跡	釈迦堂遺跡博物館
24-25	1	土器		千葉県曽谷貝塚	市立市川考古博物館
	2	土偶(レプリカ)		長野県目切遺跡	市立岡谷美術考古館
	3	土器		青森県大平山元I遺跡	外ヶ浜町教育委員会
26-27	1	土器	◎	千葉県幸田貝塚	松戸市教育委員会
	2	土器		新潟県元屋敷遺跡	村上市教育委員会
	3	土製品		北海道末広・梅川3・美沢1遺跡	千歳市教育委員会
	4	土製品	◎	山梨県釈迦堂遺跡	釈迦堂遺跡博物館
28-29	1	住居跡		山梨県真原A遺跡	北杜市教育委員会
	2	遺物各種		栃木県明神前遺跡	鹿沼市教育委員会
	3	復元住居			御所野縄文博物館
30-31	1	墓		東京都西ヶ原貝塚	
	2	貝塚		青森県早稲田貝塚	三沢市教育委員会
	3	住居跡		東京都西ヶ原貝塚	
	4	糞石		宮城県大木囲貝塚	個人蔵
	5	墓		青森県五月女萢遺跡	五所川原市教育委員会
	6	墓		北海道北黄金貝塚	伊達市噴火湾文化研究所
	7	岩偶(史跡)		長野県栃原岩陰遺跡	北相木村教育委員会
32-33	1	土器		山形県押出遺跡	山形県立うきたむ風土記の丘考古資料館
	2	木器		北海道忍路土場遺跡	小樽市総合博物館
	3	石器・土器		岩手県貝畑B遺跡	陸前高田市立博物館
	4	木片		青森県三内丸山遺跡	青森県教育庁文化財保護課
	5	石器・炭化物		新潟県岩野原遺跡	長岡市立科学博物館
	6	土器		新潟県野首遺跡	十日町市博物館
	7	土器・炭化物		東京都下宅部遺跡	東村山ふるさと歴史館
34-35	1	貯蔵穴		福島県妙音寺遺跡	郡山市教育委員会
	2	土製品		青森県近野・荳窪・野場遺跡	青森県埋蔵文化財調査センター
	3	炭化物		東京都下宅部遺跡	東村山ふるさと歴史館
	4	炭化物	◎	山形県押出遺跡	山形県立うきたむ風土記の丘考古資料館
	5	炭化物		東京都新井小学校裏妙正寺川出土	中野区教育委員会
	6	炭化物		群馬県行田大道北遺跡	安中市教育委員会
	7	植物		群馬県細田遺跡	安中市教育委員会
	8	植物		新潟県青田遺跡	新潟県埋蔵文化財調査事業団
	9	炭化物		群馬県細田遺跡	安中市教育委員会
	10	炭化物		新潟県沖ノ原遺跡	津南町教育委員会
	11	植物		新潟県青田遺跡	新潟県埋蔵文化財調査事業団
38-39	1	土器	◎	山梨県酒呑場遺跡	山梨県立考古博物館
		土器割れ口		山梨県酒呑場遺跡	山梨県立考古博物館
		土器部分		山梨県酒呑場遺跡	山梨県立考古博物館
	2	マメのシリコン型			山梨県立博物館
40-41	1	石製品		群馬県矢瀬遺跡	みなかみ町教育委員会
	2	土器		青森県韮窪遺跡	青森県立郷土館
42-43	1	石器・炭化物		北海道ユカンボシE11遺跡	恵庭市郷土資料館
	2	木製品		新潟県青田遺跡	新潟県埋蔵文化財調査事業団
	3	石器		出土地不明	上田市教育委員会
	4	石器		長野県丸山遺跡	市立岡谷美術考古館
	5	採掘鉱(史跡)		長野県星糞峠黒曜石原産地遺跡	長野県長和町
44-45	1	土器部分		北海道臼尻B遺跡	函館市教育委員会
	2	土器部分		青森県西山遺跡	青森県埋蔵文化財調査センター
	3	ニホンカモシカ			秋田県
	4	土器部分		福島県和台遺跡	福島市教育委員会
	5	人骨・骨角器		愛媛県上黒岩岩陰遺跡	久万高原町教育委員会
	6	落とし穴		栃木県寺平遺跡	栃木県立博物館
	7	石器		静岡県蜆塚貝塚	浜松市博物館
46-47	1	土製品		岩手県立石遺跡	花巻市博物館
	2	土製品		北海道日ノ浜遺跡	函館市教育委員会
	3	土製品		千葉県能満上小貝塚	市原市埋蔵文化財調査センター
	4	土製品		千葉県井野長割遺跡	佐倉市教育委員会
	5	土製品		青森県韮窪遺跡	青森県立郷土館
	6	土製品	◎	青森県十腰内2遺跡	弘前市立博物館
	7	土製品		岩手県立石遺跡	花巻市博物館
	8	土製品		秋田県藤株遺跡	北秋田市教育委員会
	9	土製品		千葉県吉見台遺跡	佐倉市教育委員会
48-49	1	土製品		青森県尾上山遺跡	青森県立郷土館(風韻堂コレクション)
	2	土製品		青森県朝日山遺跡	青森県埋蔵文化財調査センター

	3	土製品		青森県長久保遺跡	青森県埋蔵文化財調査センター
	4	土器		青森県川原平（6）遺跡	青森県埋蔵文化財調査センター
50-51	1	土製品	◎	栃木県藤岡神社遺跡	栃木市教育委員会
	2	土製品	◎	青森県三内丸山（6）遺跡	青森県埋蔵文化財調査センター
	3	土製品		岩手県立花館遺跡	北上市教育委員会
	4	土製品		青森県大平遺跡	青森県埋蔵文化財調査センター
	5	土製品		岩手県立花館遺跡	北上市教育委員会
	6	土製品	◎	北海道八千代A遺跡	帯広百年記念館
	7	土製品		岩手県上杉沢遺跡	二戸市埋蔵文化財センター
	8	土製品		千葉県吉見台遺跡	佐倉市教育委員会
	9	土製品		埼玉県長竹遺跡	埼玉県教育委員会
	10	土製品		栃木県宝性寺西遺跡	鹿沼市教育委員会
52-53	1	土製品		岩手県草ヶ沢遺跡	一関市博物館
	2	土製品	◎	山梨県鋳物師屋遺跡	南アルプス市教育委員会
	3	土製品		北海道桔梗2遺跡	函館市教育委員会
	4	土製品		青森県牧野2遺跡	国立歴史民俗博物館
	5	土製品		秋田県漆下遺跡	北秋田市教育委員会
	6	土製品	◎	山梨県釈迦堂遺跡	釈迦堂遺跡博物館
	7	土製品		岩手県成田IV遺跡	岩手県教育委員会
	8	土製品		岩手県手代森遺跡	岩手県教育委員会
	9	土製品		山梨県釈迦堂遺跡	釈迦堂遺跡博物館
	10	土製品		岩手県大日向II遺跡	軽米町教育委員会
	11	土製品		岩手県滝谷III遺跡	九戸村教育委員会
54-55	1	土製品	◎	北海道美々4遺跡	千歳市教育委員会
	2	土製品		千葉県吉見台遺跡	佐倉市教育委員会
56-57	1	骨角器		北海道入江貝塚	洞爺湖町教育委員会
	2	土器		神奈川県恩名沖原遺跡	厚木市教育委員会
	3	骨角器		北海道天寧（テンネル）1遺跡	釧路市教育委員会
	4	土器		長野県山ノ神遺跡	飯山市教育委員会
	5	土製品		長野県雁石遺跡	上田市教育委員会
	6	骨角器		静岡県蜆塚貝塚	浜松市博物館
	7	骨角器		長野県栃原岩陰遺跡	北相木村教育委員会
	8	土製品	◎	栃木県藤岡神社遺跡	栃木市教育委員会
	9	土器		岩手県大館町遺跡	盛岡市遺跡の学び館
58-59	1	骨角器	◎	北海道船泊遺跡	礼文町教育委員会
	2	編み物		愛媛県船戸遺跡	愛媛県歴史文化博物館
	3	木製品		北海道紅葉山49号遺跡	石狩市教育委員会
	4	木製品		北海道紅葉山49号遺跡	石狩市教育委員会
62-63	1	丸木舟		新潟県青田遺跡	新潟県埋蔵文化財調査事業団
	2	土器		新潟県角田浜沖	新潟市文化財センター
	3	木器		新潟県青田遺跡	新潟県埋蔵文化財調査事業団
	4	木器		北海道安芸遺跡	余市町教育委員会
	5	木器		青森県岩渡小谷遺跡	青森県埋蔵文化財調査センター
	6	木器		新潟県青田遺跡	新潟県埋蔵文化財調査事業団
	7	木器		青森県石渡小谷遺跡	青森県埋蔵文化財調査センター
64-65	1	石器		群馬県安中市内遺跡5ヵ所	安中市教育委員会
	2	石器		新潟県野首遺跡	十日町市博物館
	3	石器		新潟県野首遺跡	十日町市博物館
	4	石器		山梨県上中丸遺跡	富士吉田市ふじさんミュージアム
	5	石器	◎	長野県川原田遺跡	浅間縄文ミュージアム
	6	石器・木製品		新潟県野地遺跡	新潟県埋蔵文化財調査事業団
	7	石器・木製品		新潟県御井戸遺跡	新潟市文化財センター
	8	石器・木製品		新潟県大武遺跡	胎内市教育委員会
	9	石器		北海道臼尻C遺跡	函館市教育委員会
	10	骨角器		長野県栃原岩陰遺跡	北相木村教育委員会
66-67	1	木製品		新潟県分谷地A遺跡	胎内市教育委員会
	2	木工品	◎	福島県荒屋敷遺跡	三島町交流センター
	3	土器		東京都北江古田遺跡	中野区教育委員会
	4	木製品		佐賀県東名遺跡	佐賀市教育委員会
	5	植物製品	◎	青森県三内丸山遺跡	青森県立郷土館
68-69	1	木製品		石川県中屋サワ遺跡	金沢市教育委員会
	2	木製品		東京都下宅部遺跡	東村山市教育委員会
	3	土器・繊維		青森県是川遺跡	是川縄文館
	4	土器片		東京都下宅部遺跡	東村山市教育委員会
	5	土器		埼玉県大木戸遺跡	埼玉県教育委員会
	6	木製品		埼玉県大木戸遺跡	埼玉県教育委員会
70-71	1	土器		石川県中屋サワ遺跡	金沢市教育委員会
	2	土器		埼玉県長竹遺跡	埼玉県教育委員会
	3	石器・顔料		秋田県向様田A遺跡	北秋田市教育委員会
	4	土器・顔料		栃木県曲畑遺跡	那須烏山市教育委員会
	5	木製品	◎	青森県向田（18）遺跡	野辺地町立歴史民俗資料館
72-73	1	土器		秋田県烏野上岱遺跡	秋田県埋蔵文化財センター
	2	石器・骨角器		北海道船泊遺跡	礼文町教育委員会
	3	土器・アスファルト		北海道豊崎N遺跡	函館市教育委員会
	4	地層断面		秋田県能代市	
	5	土偶	●	青森県風張I遺跡	是川縄文館
74-75	1	石製品・土製品		新潟県十日町市内遺跡集合	十日町市博物館
	2	石製品・土製品		群馬県千網谷戸遺跡	桐生市教育委員会
76-77	1	骨角器		長野県栃原岩陰遺跡	北相木村教育委員会
	2	糸		新潟県青田遺跡	新潟県埋蔵文化財調査事業団
	3	布製品	◎	青森県亀ヶ岡遺跡	青森県立郷土館
	4	布製品		北海道柏木川4遺跡	恵庭市郷土資料館
	5	布製品		秋田県中山遺跡	五城目町教育委員会
	6	土偶	◎	青森県二枚橋2遺跡	むつ市教育委員会
	7	あんぎん編み		新潟県津南町	
78-79	1	土偶	◎	青森県二枚橋2遺跡	むつ市教育委員会
	2	土偶		秋田県向様田D遺跡	北秋田市教育委員会
	3	土偶		山梨県石堂遺跡	北杜市教育委員会
	4	土偶		青森県観音林遺跡	五所川原市教育委員会
80-81	1	石製品		新潟県長者ヶ原遺跡	糸魚川市教育委員会
	2	土製品		青森県十腰内遺跡	弘前大学
	3	石製品		山梨県青木遺跡	北杜市教育委員会
	4	石製品		秋田県向様田A遺跡	北秋田市教育委員会
	5	石製品		青森県不備無遺跡	弘前大学
	6	石製品		北海道コタン温泉遺跡	八雲町教育委員会
	7	土製品		岩手県近内中村遺跡	宮古市教育委員会
	8	骨製品		北海道入江貝塚	洞爺湖町教育委員会
	9	樹皮製品		新潟県青田遺跡	新潟県埋蔵文化財調査事業団
	10	石製品		長野県滝沢遺跡	浅間縄文ミュージアム
	11	石製品		新潟県元屋敷遺跡	村上市教育委員会
82-83	1	土製品	◎	埼玉県後谷遺跡	桶川市教育委員会
	2	土製品		栃木県寺野東遺跡	栃木県教育委員会
	3	土製品		群馬県千網谷戸遺跡	桐生市教育委員会
84-85	1	木製品	◎	北海道カリンバ遺跡	恵庭市郷土資料館
	2	木製品		埼玉県後谷遺跡	桶川市教育委員会
	3	土偶		新潟県北平B遺跡	新発田市教育委員会
86-87	1	土偶		岩手県九年橋遺跡	北上市教育委員会
	2	土偶		秋田県漆下遺跡	北秋田市教育委員会
	3	土偶		岩手県九年橋遺跡	北上市教育委員会
	4	土偶		岩手県九年橋遺跡	北上市教育委員会
	5	土偶		青森県高杉遺跡	弘前大学
	6	土偶		新潟県籠峰遺跡	上越市教育委員会
	7	土偶		出土地不明	
	8	土偶		岩手県九年橋遺跡	北上市教育委員会
	9	土偶		秋田県漆下遺跡	北秋田市教育委員会
	10	土偶		岩手県九年橋遺跡	北上市教育委員会

	11	土偶		岩手県九年橋遺跡	北上市教育委員会
	12	土偶		出土地不明	弘前大学
	13	土偶	◎	青森県二枚橋2遺跡	むつ市教育委員会
	14	土偶		岩手県九年橋遺跡	北上市教育委員会
	15	土偶	◎	青森県二枚橋2遺跡	むつ市教育委員会
	16	土偶		出土地不明	
88-89	1	骨製品		北海道入江貝塚	洞爺湖町教育委員会
	2	貝・骨製品		宮城県里浜貝塚	東北歴史資料館
	3	石製品	◎	福井県桑野遺跡	あわら市埋蔵文化財センター
	4	貝製品		鹿児島県下山田II遺跡	鹿児島県立埋蔵文化財センター
	5	貝製品	◎	北海道船泊遺跡	礼文町教育委員会
	6	土偶		長野県石神遺跡	小諸市教育委員会
90-91	1	石製品	◎	富山県境A遺跡	富山県埋蔵文化財センター
	2	石製品		新潟県長者ヶ原遺跡	糸魚川市教育委員会
	3	石製品		栃木県寺野東遺跡	栃木県教育委員会
	4	石製品		新潟県大久保遺跡	上越市教育委員会
	5	土器・原石		青森県五月女萢遺跡	五所川原市教育委員会
	6	石製品		新潟県野首遺跡	十日町市博物館
92-93	1	石器		新潟県大角地遺跡	新潟県埋蔵文化財調査事業団
	2	石製品		新潟県長者ヶ原遺跡	糸魚川市教育委員会
	3	石製品	◎	富山県境A遺跡	富山県埋蔵文化財センター
	4	石製品		新潟県長野遺跡	三条市教育委員会
	5	石製品		新潟県梶花遺跡	十日町市博物館
	6	石製品		北海道船泊遺跡	礼文町教育委員会
	7	石製品	◎	福島県法正尻遺跡	福島県教育委員会
	8	石製品		山梨県天神遺跡	北杜市教育委員会
	9	石製品		北海道浜町A遺跡	函館市教育委員会
	10	石製品		栃木県仲内遺跡	日光市教育委員会
	11	石製品		東京都田端遺跡	町田市教育委員会
	12	石製品		北海道美々4遺跡	北海道埋蔵文化財センター
	13	石製品	◎	青森県三内丸山遺跡	青森県教育庁文化財保護課
	14	石製品		青森県上尾駮(1)遺跡	青森県埋蔵文化財調査センター
	15	石製品		埼玉県石神貝塚	埼玉県教育委員会
	16	石製品		東京都忠生遺跡	町田市教育委員会
	17	石製品		山梨県三光遺跡	笛吹市教育委員会
94-95	1	土器	◎	群馬県道訓前遺跡	渋川市教育委員会
	2	土器		千葉県能満上小貝塚	市原市埋蔵文化財調査センター
96-97	1	土器	◎	群馬県下宿遺跡	太田市教育委員会
	2	土器	◎	鹿児島県三角山遺跡	鹿児島県立埋蔵文化財センター
98-99	1	土器	◎	鹿児島県城ヶ尾遺跡	鹿児島県立埋蔵文化財センター
	2	土器		鹿児島県建山遺跡	鹿児島県立埋蔵文化財センター
	3	土器	◎	鹿児島県前原遺跡	鹿児島県立埋蔵文化財センター
	4	土器	◎	鹿児島県上野原遺跡	鹿児島県立埋蔵文化財センター
	5	土製品		鹿児島県上野原遺跡	鹿児島県立埋蔵文化財センター
	6	石器		鹿児島県上野原遺跡	鹿児島県立埋蔵文化財センター
100-101	1	土器		長野県下弥堂・塚田遺跡	浅間縄文ミュージアム
	2	土器		岩手県横欠遺跡	北上市教育委員会
102-103	1	土器		埼玉県谷畑遺跡	埼玉県埋蔵文化財調査事業団
	2	土器		山梨県天神遺跡	山梨県立考古博物館
104-105	1	土器		山梨県安道寺遺跡	山梨県立考古博物館
	2	土器	◎	山梨県殿林遺跡	山梨県立考古博物館
	3	土器	◎	青森県石神遺跡	つがる市教育委員会
	4	土器		新潟県幅上遺跡	十日町市博物館
106-107	1	土器		新潟県六反田南遺跡	新潟県埋蔵文化財調査事業団
	2	土器		山梨県桂野遺跡	笛吹市教育委員会
108-109	1	土器	◎	山梨県酒呑場遺跡	山梨県立考古博物館
	2	土器		群馬県南蛇井増光寺遺跡	群馬県教育委員会
	3	土器	◎	山梨県釈迦堂遺跡	釈迦堂遺跡博物館
	4	土器		長野県藤内遺跡	井戸尻考古館
	5	土器	◎	福島県法正尻遺跡	福島県教育委員会
	6	土器	◎	岩手県繋V遺跡	盛岡市遺跡の学び館
	7	土器		群馬県南蛇井増光寺遺跡	群馬県教育委員会
	8	土器		岩手県豊岡遺跡	岩手県立博物館
110-111	1	土器		長野県曽利遺跡	井戸尻考古館
	2	土器		神奈川県杉山神社遺跡	日本窯業史研究所
112-113	1	土器		長野県尖石遺跡	茅野市尖石縄文考古館
	2	土器		長野県花上寺遺跡	市立岡谷美術考古館
114-115	1	土器	●	新潟県笹山遺跡	十日町市博物館
	2	土器	◎	山梨県一ノ沢遺跡	山梨県立考古博物館
116-117	1	土器		埼玉県西原大塚遺跡	志木市教育委員会
118-119	1	土器	◎	長野県川原田遺跡	浅間縄文ミュージアム
	2	土器	●	新潟県笹山遺跡	十日町市博物館
	3	土器		伝 新潟県出土	個人蔵
	4	土器		新潟県沖ノ原遺跡	津南町教育委員会
	5	土器		新潟県野首遺跡	十日町市博物館
	6	土器		秋田県根子ノ沢遺跡	由利本荘市教育委員会
	7	土器		新潟県馬高遺跡	長岡市教育委員会
	8	土器	◎	富山県境A遺跡	富山県埋蔵文化財センター
	9	土器		新潟県堂平遺跡	津南町教育委員会
	10	土器	◎	群馬県房谷戸遺跡	群馬県教育委員会
	11	土器		山梨県石之坪遺跡	韮崎市教育委員会
	12	土器	◎	群馬県道訓前遺跡	渋川市教育委員会
	13	土器	◎	群馬県道訓前遺跡	渋川市教育委員会
	14	土器		新潟県堂平遺跡	津南町教育委員会
	15	土器	◎	長野県川原田遺跡	浅間縄文ミュージアム
120-121	1	土器	◎	富山県境A遺跡	富山県埋蔵文化財センター
	2	土器		秋田県根子ノ沢遺跡	由利本荘市教育委員会
122-123	1	土器	◎	青森県風張遺跡	是川縄文館
	2	土器		青森県長坂(1)遺跡	黒石市教育委員会
124-125	1	土器		富山県浦山寺蔵遺跡	富山県教育委員会
	2	土器		山梨県石之坪遺跡	韮崎市教育委員会
	3	土器		新潟県六反田南遺跡	新潟県埋蔵文化財調査事業団
	4	土器		北海道沢町遺跡	余市町教育委員会
	5	土器	◎	千葉県幸田貝塚	松戸市教育委員会
	6	土器		長野県藪沢I遺跡	大町市教育委員会
	7	土器		新潟県野首遺跡	十日町市博物館
	8	土器		新潟県野首遺跡	十日町市博物館
	9	土器		新潟県野首遺跡	十日町市博物館
	10	土器		長野県一津遺跡	大町市教育委員会
	11	土器		山梨県天神遺跡	山梨県立考古博物館
	12	土器	◎	千葉県幸田貝塚	松戸市教育委員会
	13	土器		群馬県糸井宮前遺跡	群馬県教育委員会
	14	土器		山梨県小屋敷遺跡	北杜市教育委員会
	15	土器		群馬県行田大道北遺跡	安中市教育委員会
126-127	1	土器		埼玉県高井東遺跡	埼玉県教育委員会
	2	土器		長野県平出遺跡	塩尻市立平出博物館
	3	土器		長野県平出遺跡	塩尻市立平出博物館
	4	土器		山梨県宮ノ前遺跡	山梨県立考古博物館
	5	土器	◎	富山県境A遺跡	富山県埋蔵文化財センター
	6	土器		長野県平出遺跡	塩尻市立平出博物館
	7	土器		山梨県塩瀬下原遺跡	山梨県立考古博物館
	8	土器		長野県平出遺跡	塩尻市立平出博物館
	9	土器		長野県大深山遺跡	川上村教育委員会
128-129	1	土器	◎	富山県境A遺跡	富山県埋蔵文化財センター
	2	土器		青森県三内丸山遺跡	青森県立郷土館(風韻堂コレクション)
	3	土器		神奈川県橋本遺跡	相模原市立博物館

	No.	種別		遺跡名	所蔵
	4	土器		長野県比丘尼原遺跡	原村教育委員会
	5	土器		埼玉県出土	
	6	土器		栃木県山苗代A遺跡	栃木県教育委員会
	7	土器		山形県砂子田遺跡	山形県埋蔵文化財センター
	8	土器		北海道大川遺跡	余市町教育委員会
	9	土器		新潟県朝日遺跡	長岡市立科学博物館
	10	土器		長野県大ダッショ遺跡	諏訪市博物館
	11	土器		新潟県五丁歩遺跡	新潟県埋蔵文化財調査事業団
	12	土器		東京都木曽中学校遺跡	町田市教育委員会
	13	土器		神奈川県金子台遺跡	第一生命
130-131	1	土器		長野県山越遺跡	東御市教育委員会
	2	土器		北海道野田生1遺跡	北海道埋蔵文化財センター
132-133	1	土器	◎	青森県川原橋遺跡	十和田市郷土館
	2	土器		岩手県九年橋遺跡	北上市教育委員会
	3	土器	◎	長野県中ッ原遺跡	茅野市尖石縄文考古館
	4	土器		青森県青鹿長根遺跡	青森県立郷土館(風韻堂コレクション)
	5	土器	◎	富山県境A遺跡	富山県埋蔵文化財センター
	6	土器		群馬県道木原遺跡	群馬県教育委員会
	7	土器		東京都御嶽堂遺跡	町田市立博物館
	8	土器		新潟県高平遺跡	村上市教育委員会
	9	土器		新潟県野首遺跡	十日町市博物館
134-135	1	土器	◎	山形県押出遺跡	山形県立うきたむ風土記の丘考古資料館
	2	土器	◎	青森県亀ヶ岡遺跡	青森県立郷土館(個人蔵)
	3	土器	◎	福井県鳥浜貝塚	福井県立若狭歴史博物館
	4	土器	◎	青森県是川中居遺跡	是川縄文館
	5	土器		宮城県永根貝塚	多賀城市埋蔵文化財調査センター
136-137	1	土器		千葉県福田貝塚	東京大学総合研究博物館
	2	土器	◎	新潟県元屋敷遺跡	村上市教育委員会
	3	土器		出土地不明	弘前大学
	4	土器		新潟県中ノ沢遺跡	新潟県埋蔵文化財調査事業団
	5	土器		北海道垣ノ島遺跡	函館市教育委員会
	6	土器		千葉県堀之内貝塚	市立市川考古博物館
	7	土器		栃木県八剣遺跡	栃木県教育委員会
	8	土器		千葉県株木東遺跡	市立市川考古博物館
	9	土器		出土地不明	弘前大学
	10	土器		青森県玉清水遺跡	青森県立郷土館(風韻堂コレクション)
	11	土器		群馬県深沢遺跡	群馬県教育委員会
	12	土器		埼玉県雅楽谷遺跡	埼玉県教育委員会
	13	土器		北海道大川遺跡	余市町教育委員会
138-139	1	土器		長野県上野林遺跡	箕輪町教育委員会
	2	土器		長野県札沢遺跡	長野県立歴史館
140-141	1	土器		岩手県近内中村遺跡	宮古市教育委員会
	2	土器		東京都武蔵台東遺跡	東京都教育委員会
	3	土器		富山県井口遺跡	富山県埋蔵文化財センター
	4	土器		北海道キウス4遺跡	北海道埋蔵文化財センター
	5	土器		石川県真脇遺跡	能登町教育委員会
	6	土器		北海道美々4遺跡	北海道埋蔵文化財センター
	7	土器		山梨県安道寺遺跡	山梨県立考古博物館
142-143	1	土器		東京都忠生遺跡	町田市教育委員会
	2	土器		山梨県大木戸遺跡	山梨県立考古博物館
	3	土器	◎	山梨県一ノ沢遺跡	山梨県立考古博物館
	4	土器		山梨県柳田遺跡	国立歴史民俗博物館
	5	土器部分		長野県川原田遺跡	浅間縄文ミュージアム
	6	土器部分		栃木県八剣遺跡	栃木県教育委員会
	7	土器部分		新潟県中新田A遺跡	十日町市博物館
	8	土器部分		新潟県幅上遺跡	十日町市博物館
	9	土器部分		新潟県北平B遺跡	新発田市教育委員会
144-145	1	土器		群馬県中野谷松原遺跡	安中市教育委員会
	2	土製品		千葉県飛ノ台貝塚	船橋市飛ノ台史跡公園博物館
146-147	1	土器		山梨県石之坪遺跡	韮崎市教育委員会
	2	土器	◎	山梨県酒呑場遺跡	山梨県立考古博物館
148-149	1	土器		山梨県石之坪遺跡	韮崎市教育委員会
	2	土器		山梨県石之坪遺跡	韮崎市教育委員会
	3	土器		東京都神谷原遺跡	八王子市郷土資料館
	4	土器		長野県平出遺跡	塩尻市立平出博物館
	5	土器		長野県平出遺跡	塩尻市立平出博物館
150-151	1	土器		長野県比丘尼原遺跡	原村教育委員会
	2	土器		東京都御嶽堂遺跡	町田市立博物館
	3	土器		山梨県石之坪遺跡	韮崎市教育委員会
	4	土器		山梨県石之坪遺跡	韮崎市教育委員会
	5	土器	◎	山梨県釈迦堂遺跡	釈迦堂遺跡博物館
	6	土器		山梨県原町農業高校前遺跡	山梨県立考古博物館
	7	土器		山梨県寺所第2遺跡	北杜市教育委員会
	8	土器		山梨県石原田北遺跡	北杜市教育委員会
	9	土器		山梨県石之坪遺跡	韮崎市教育委員会
	10	土器		山梨県石之坪遺跡	韮崎市教育委員会
	11	土器	◎	長野県藤内遺跡	井戸尻考古館
	12	土器		山梨県海道前C遺跡	山梨県立考古博物館
	13	土器		山梨県柳田遺跡	国立歴史民俗博物館
	14	土器		長野県比丘尼原遺跡	原村教育委員会
	15	土器		山梨県石之坪遺跡	韮崎市教育委員会
	16	土器		長野県大石遺跡	原村教育委員会
	17	土器		山梨県大木戸遺跡	山梨県立考古博物館
152-153	1	土器		山梨県寺所第2遺跡	北杜市教育委員会
	2	土偶		石川県上山田貝塚	かほく市教育委員会
154-155	1	土器		山梨県寺所第2遺跡	北杜市教育委員会
	2	土器		長野県比丘尼原遺跡	原村教育委員会
	3	土器		東京都南養寺遺跡	国立市教育委員会
	4	土器	◎	山梨県釈迦堂遺跡	釈迦堂遺跡博物館
	5	土器		山梨県石原田北遺跡	北杜市教育委員会
156-157		土器		新潟県井の上遺跡	糸魚川市教育委員会
158-159	1	土器		神奈川県大日野原遺跡	個人蔵
	2	土器	◎	長野県藤内遺跡	井戸尻考古館
	3	土器		埼玉県北塚屋遺跡	埼玉県教育委員会
160-161		土器	◎	長野県藤内遺跡	井戸尻考古館
162-163	1	土器	◎	長野県海戸遺跡	市立岡谷美術考古館
	2	土器		山梨県竹宇1遺跡	北杜市考古資料館
164-165	1	土器		長野県円光房遺跡	千曲市教育委員会
	2	土器	◎	新潟県元屋敷遺跡	村上市教育委員会
	3	土器		秋田県堀ノ内遺跡	秋田県埋蔵文化財センター
	4	土器		埼玉県赤城遺跡	埼玉県教育委員会
	5	土器		埼玉県赤城遺跡	埼玉県教育委員会
	6	土器		山形県宮の前遺跡	山形県埋蔵文化財センター
	7	土器		青森県五月女萢遺跡	五所川原市教育委員会
	8	土器		長野県円光房遺跡	千曲市教育委員会
	9	土器	◎	長野県宮平遺跡	浅間縄文ミュージアム
	10	土器	◎	長野県御殿場遺跡	伊那市創造館
	11	土器		長野県神道遺跡	小諸市教育委員会
	12	土器		山梨県坂井遺跡	坂井考古館
	13	土器		埼玉県長竹遺跡	埼玉県教育委員会
	14	土器		埼玉県長竹遺跡IV	埼玉県教育委員会
	15	土器		栃木県坊山遺跡	個人蔵
166-167	1	土器		福島県和台遺跡	福島市教育委員会
	2	土器		岩手県けや木の平団地遺跡	滝沢市埋蔵文化財センター
168-169	1	土器		長野県大野遺跡	大桑村教育委員会
	2	土器		長野県久保上ノ平遺跡	南箕輪村教育委員会

頁	番号	種別		出土地	所蔵
	3	土器		東京都野塩前原遺跡	清瀬市郷土博物館
	4	土器	◎	長野県藤内遺跡	井戸尻考古館
	5	土器		神奈川県林王子遺跡	厚木市教育委員会
	6	土器	◎	山梨県鋳物師屋遺跡	南アルプス市教育委員会
170-171	1	土器		長野県榎垣外遺跡	市立岡谷美術考古館
	2	土器	◎	群馬県千網谷戸遺跡	桐生市教育委員会
172-173	1	土偶		山梨県後田遺跡	韮崎市教育委員会
	2	土偶		埼玉県小林八束遺跡	埼玉県教育委員会
174-175		土偶	●	長野県棚畑遺跡	茅野市教育委員会
176-177	1	土偶		秋田県塚ノ下遺跡	大館市郷土博物館
	2	土偶		岩手県長倉Ⅰ遺跡	岩手県教育委員会
178-179	1	岩偶		北海道栄浜Ⅰ遺跡	北海道埋蔵文化財センター
	2	土偶		新潟県長峰遺跡	上越市教育委員会
	3	土偶		岩手県山井遺跡	御所野縄文博物館
	4	土偶		出土地不明	弘前大学
	5	岩偶		大　北海道七丁目沢2遺跡	江別市教育委員会
				小　北海道萩ヶ岡遺跡	江別市教育委員会
	6	岩偶		愛媛県上黒岩岩陰遺跡	久万高原町教育委員会
	7	土偶		岩手県山井遺跡	御所野縄文博物館
	8	土偶		青森県野口貝塚	三沢市教育委員会
	9	土偶		北海道高砂貝塚	洞爺湖町教育委員会
	10	角偶		北海道戸井貝塚	函館市教育委員会
	11	角偶		宮城県沼津貝塚	東北歴史博物館
	12	土偶		三重県粥見井尻遺跡	三重県埋蔵文化財センター
	13	土偶		岩手県豊岡遺跡	岩手県立博物館
180-181	1	土偶		東京都東谷戸遺跡	北区飛鳥山博物館
	2	土偶	◎	福島県荒屋敷遺跡	三島町教育委員会
	3	土偶		富山県朝日貝塚	氷見市立博物館
	4	土偶		福島県西方前遺跡	三春町歴史民俗資料館
	5	土偶		青森県宮田遺跡	青森県立郷土館(風韻堂コレクション)
	6	土偶		秋田県虫内Ⅰ遺跡	秋田県埋蔵文化財センター
	7	土偶		新潟県吉野屋遺跡	個人蔵
182-183	1	土偶		北海道札苅遺跡	木古内町教育委員会
	2	土偶		岩手県豊岡遺跡	岩手県立博物館
	3	土偶		福島県荒屋敷遺跡	三島町教育委員会
	4	土偶		岩手県中沢浜出土	陸前高田市立博物館
	5	土偶		新潟県吉野屋遺跡	三条市教育委員会
	6	土偶		新潟県野首遺跡	十日町市博物館
	7	土偶		北海道札苅遺跡	木古内町教育委員会
184-185	1	土偶		秋田県杉沢台遺跡	能代市教育委員会
	2	土偶		秋田県星宮遺跡	大仙市教育委員会
	3	土偶	◎	青森県二枚橋2遺跡	むつ市教育委員会
186-187	1	土偶	◎	山梨県鋳物師屋遺跡	南アルプス市教育委員会
	2	土偶	●	北海道著保内野遺跡	函館市教育委員会
	3	土偶		新潟県上野遺跡	津南町教育委員会
188-189	1	土偶		千葉県内野第1遺跡	千葉県教育委員会
	2	土偶		山梨県中谷遺跡	都留市教育委員会
	3	土偶	◎	鹿児島県上野原遺跡	鹿児島県立埋蔵文化財センター
	4	土偶		岩手県上斗内Ⅲ遺跡	岩手県教育委員会
	5	土偶	◎	新潟県元屋敷遺跡	村上市教育委員会
	6	土偶		栃木県九石古宿遺跡	栃木県茂木町教育委員会
	7	土偶		岩手県野沢Ⅳ遺跡	滝沢市埋蔵文化財センター
	8	土偶		北海道鳥崎遺跡	森町教育委員会
	9	土偶		北海道ウサクマイA遺跡	千歳市教育委員会
	10	土偶		秋田県漆下遺跡	北秋田市教育委員会
	11	土偶		岩手県長倉Ⅰ遺跡	岩手県教育委員会
	12	土偶		秋田県向様田A遺跡	北秋田市教育委員会
	13	土偶		青森県土井Ⅰ号遺跡	板柳町教育委員会
	14	土偶		鹿児島県上加世田遺跡	鹿児島県立埋蔵文化財センター
	15	土偶		新潟県籠原遺跡	上越市教育委員会
	16	土偶	◎	青森県二枚橋2遺跡	むつ市教育委員会
	17	土偶	◎	青森県三内丸山遺跡	青森県教育庁文化財保護課
190-191	1	岩偶		青森県観音林遺跡	五所川原市教育委員会
	2	土偶	◎	埼玉県後谷遺跡	桶川市教育委員会
192-193	1	土偶	●	山形県西ノ前遺跡	山形県立博物館
	2	土偶		秋田県向様田A遺跡	北秋田市教育委員会
194-195	1	土偶		青森県三内丸山遺跡	弘前大学
	2	土偶	◎	青森県有戸鳥井平遺跡	野辺地町立歴史民俗資料館
	3	土偶		岩手県塩ヶ森Ⅰ遺跡	岩手県教育委員会
	4	土偶		秋田県伊勢堂岱遺跡	北秋田市教育委員会
	5	岩偶		秋田県提鍋遺跡	由利本荘市教育委員会
196-197	1	岩偶		秋田県白坂遺跡	北秋田市教育委員会
	2	土偶		岐阜県門端遺跡	高山市教育委員会
	3	土偶		新潟県野首遺跡	十日町市博物館
	4	土偶		北海道札苅遺跡	木古内町教育委員会
	5	土偶		山梨県金生遺跡	北杜市教育委員会
	6	土偶		栃木県荻ノ平遺跡	栃木県教育委員会
	7	土偶		山梨県向原遺跡	北杜市教育委員会
	8	土偶		長野県桜井戸遺跡	東御市教育委員会
	9	土偶		長野県石行遺跡	松本市立考古博物館
198-199	1	土面		岩手県蒔前遺跡	文化庁
	2	環状列石		長野県上原遺跡	大町市教育委員会
200-201	1	土製品		岩手県八天遺跡	北上市教育委員会
	2	土面		埼玉県発戸出土	東京国立博物館
	3	土偶		岩手県莇内遺跡	岩手県立博物館
202-203	1	土製品		北海道堀株村出土	岩内町教育委員会
	2	土製品	◎	千葉県南羽鳥中岫1遺跡	成田市教育委員会
	3	土面		青森県二枚橋2遺跡	むつ市教育委員会
	4	土偶		長野県赤岩新屋遺跡	東御市教育委員会
204-205	1	土器・石器・石製品		東京都忠生遺跡	町田市教育委員会
	2	石製品		新潟県野首遺跡	十日町市博物館
	3	木製品		岩手県莇内遺跡	岩手県教育委員会
	4	石製品		神奈川県恩名沖原遺跡	厚木市教育委員会
	5	石製品		新潟県芋川原遺跡	個人蔵
	6	石製品		長野県佐久穂町出土	佐久穂町教育委員会
206-207	1	土偶	●	長野県中ッ原遺跡	茅野市教育委員会
	2	石製品		山梨県古林第4遺跡	北杜市教育委員会
	3	土製品	◎	山梨県酒呑場遺跡	山梨県立考古博物館
	4	石製品		岩手県湯沢遺跡	岩手県教育委員会
	5	木製品		青森県岩渡小谷遺跡	青森県埋蔵文化財調査センター
	6	骨製品		青森県二ツ森貝塚	七戸町教育委員会
	7	木製品		北海道忍路土場遺跡	小樽市総合博物館
208-209	1	土面	◎	徳島県矢野遺跡	徳島県立埋蔵文化財総合センター
	2	土面	◎	北海道ママチ遺跡	北海道埋蔵文化財センター
210-211	1	石製品		青森県近野遺跡	青森県埋蔵文化財調査センター
	2	石製品		出土地不明	弘前大学
	3	石製品		新潟県籠峰遺跡	上越市教育委員会
	4	石製品	◎	青森県二枚橋2遺跡	むつ市教育委員会
	5	石製品		新潟県正面ヶ原遺跡	津南町教育委員会
	6	石製品		岩手県矢作町出土	陸前高田市立博物館
	7	石器		新潟県屋敷の平遺跡	津南町教育委員会
	8	石製品		岐阜県久野川遺跡	下呂市教育委員会
	9	石器		伝 栃木県出土	個人蔵
	10	石製品		新潟県馬高遺跡	長岡市教育委員会
	11	石製品		新潟県六反田南遺跡	新潟県埋蔵文化財調査事業団
212-213		特別史跡		秋田県大湯環状列石	鹿角市教育委員会

214-215	1	土偶	長野県坂上遺跡	井戸尻考古館
	2	土偶	山梨県桂野遺跡	笛吹市教育委員会
	3	土偶	新潟県ツベタ遺跡	阿賀野市教育委員会
216-217	1	土偶	新潟県野首遺跡	十日町市博物館
	2	土偶	山梨県金生遺跡	北杜市教育委員会
	3	土偶	北海道釜谷4遺跡	木古内町教育委員会
	4	岩偶 ◎	新潟県元屋敷遺跡	村上市教育委員会
	5	土偶	群馬県天神原遺跡	安中市教育委員会
	6	土偶	群馬県千網谷戸遺跡	桐生市教育委員会
	7	土偶	新潟県石田遺跡	新発田市教育委員会
	8	土偶	長野県エリ穴遺跡	松本市立考古博物館
	9	土偶	群馬県下田遺跡	群馬県教育委員会
	10	土偶	福島県西方前遺跡	三春町歴史民俗資料館
	11	土偶 ◎	長野県川原田遺跡	浅間縄文ミュージアム
	12	土偶	千葉県姥山貝塚	明治大学博物館
	13	土偶	長野県山影遺跡	松本市立考古博物館
	14	土偶	新潟県籠峰遺跡	上越市教育委員会
	15	土偶	青森県唐竹遺跡	弘前大学
	16	土偶	長野県古屋敷遺跡	東御市教育委員会
	17	土偶	神奈川県東正院遺跡	神奈川県教育委員会
	18	土偶 ◎	青森県三内丸山遺跡	青森県教育庁文化財保護課
218-219	1	環状列石〔史跡〕	北海道鷲ノ木遺跡	森町教育委員会
	2	土製品	北海道垣ノ島A遺跡	函館市教育委員会
220-221	1	土器	栃木県横倉遺跡	栃木県埋蔵文化財センター
	2	水田〔史跡〕	青森県垂柳遺跡	田舎館村埋蔵文化財センター
	3	土器 ◎	茨城県泉坂下遺跡	常陸大宮市教育委員会
222-223	1	復元住居	静岡県登呂遺跡	静岡市立登呂博物館
	2	金属器 ●	兵庫県桜ヶ丘遺跡	神戸市立博物館
		同部分 ●	兵庫県桜ヶ丘遺跡	神戸市立博物館
	3	金属器 ◎	福岡県重留遺跡	北九州市教育委員会
	4	土器 ◎	鳥取県稲吉角田遺跡	米子市教育委員会
	5	はしご	静岡県登呂遺跡	静岡市立登呂博物館
	6	土器 ◎	静岡県登呂遺跡	静岡市立登呂博物館
	7	木製品 ◎	静岡県登呂遺跡	静岡市立登呂博物館
224-225	1	埴輪 ◎	栃木県甲塚古墳	下野市教育委員会
	2	古墳	長野県森将軍塚古墳	森将軍塚古墳館
	3	兜・鎧 ◎	兵庫県茶すり山古墳	朝来市埋蔵文化財センター
	4	埴輪	群馬県保渡田八幡塚古墳	かみつけの里博物館
	5	鉄剣 ●	埼玉県稲荷山古墳	埼玉県立さきたま史跡の博物館

あとがき

35年近く、縄文時代の遺物を撮り続けてきました。
感嘆詞があふれ出るような土器、土偶だけを見ていると縄文社会は呪術師、シャーマンの世界のような印象になりかねません。また、縄文の遺物があまりの異彩を放つため、縄文土器の登場と退場は、日本列島に"縄文民族の大移動"があったかのように「縄文人はどこに消えたのか？」の問いをうけます。

本書では土器、土偶の作り手である縄文人の生活が読み取れる構成に加え、縄文時代以前の旧石器時代と縄文以後の弥生・古墳時代を、序章と終章として加えました。

定住生活が始まり、稲作の拡がりで終わる1万3000年に及ぶ世界史上にも稀な、長い狩猟採集・定住の縄文時代を古代日本列島の中に見ていただければ幸いです。

この新版を含め、『縄文美術館』は全国の都道府県・市町村の教育委員会、埋蔵文化財調査センター、郷土館、博物館、大学や在野の研究者の方々の理解と協力をいただきました。みなさまの発掘調査－整理－研究－保存作業に深甚の敬意をお伝えし、その成果をつまみ食いのように撮ることを認めてくださった事に心から感謝いたします。

また、本書では監修者の小野正文氏、堤 隆氏に専門用語を使わず一般書に近い編集と解説といった無理をお願いしました。そして、7年前の本企画のプレゼン段階から尽力いただいたデザイナーの三好南里氏には650余カットの魅力的なレイアウトをお願いできました。さらに、シシリーの現場以来30年余、青柳正規氏には数々の教示そして、本書の序文をいただきました。みなさまに心から感謝を申し上げます。

最後に新版発行に際し平凡社・湯原公浩氏のお骨折りにお礼を申し上げます。

小川 忠博

英文ブログのお知らせ

本書の前身、『縄文美術館』初版は　http://jomonarts.com/　に　呉 清恵氏の尽力で英訳され UP されています。本書もページごとに画像を確認しながら断続的に 200 ページほどは、英文で読み進めることができます。ご活用ください。

[写真]
小川忠博
1942 年、東京に生まれる。1965 年、早稲田大学卒業。フリーカメラマン。
週刊誌、月刊誌の取材のかたわら、各種スリットカメラなどを開発し、美術・考古分野に新しい視点を提供する。
著書に『森と精霊と戦士たち――ギニア・ビサウ、モザンビーク、アンゴラ解放闘争写真記録』（亜紀書房）、『ゲリラの朝』（朝日ソノラマ）、『展開写真による中国の文様』（平凡社）、『縄文土器大観』全4 巻（小学館）、『描かれたギリシア神話』（講談社）、写真絵本『土の中からでてきたよ』（平凡社）、『カルチョ』（UC プランニング）、『ゆげ』『くっくくっく』『ポッペンポッペン』『かみコップのフェスタ』（以上、福音館書店）、『キッチン　たまご　だいぼうけん』Kindle 版電子書籍、『りんご　だんだん』（あすなろ書房）などがある。準太陽賞、準朝日広告賞を受賞のほか、2010 年には文化庁長官表彰を受ける。

[監修]
小野正文
1950 年生まれ。山梨県埋蔵文化財センター元所長。現在、山梨県甲州市教育委員会文化財指導監。

堤 隆
1962年生まれ。歴史学博士。現在、浅間縄文ミュージアム主任学芸員。著書に『列島の考古学――旧石器時代』（河出書房新社）など多数。

新版 縄文美術館

発行日	2018 年 7 月 2 日　初版第 1 刷
	2021 年 12 月 22 日　初版第 3 刷
写　真	小川忠博
監　修	小野正文・堤 隆
デザイン	三好南里
撮影・取材進行アシスト	小川奉子
発行者	下中美都
発行所	株式会社 平凡社
	〒101-0051　東京都千代田区神田神保町 3-29
	電話　03-3230-6579（編集）
	03-3230-6573（営業）
	振替　00180-0-29639
	ホームページ　https://www.heibonsha.co.jp/
印　刷	株式会社東京印書館
製　本	大口製本印刷株式会社

©Tadahiro Ogawa 2018 Printed in Japan
ISBN978-4-582-83781-0　C0021
NDC 分類番号 210.025 ／ B5 変型判（24.0×18.2cm）／総ページ 242

落丁・乱丁本はお取り替えいたしますので、小社読者サービス係まで直接お送りください（送料は小社で負担いたします）。